Execução Provisória no Processo do Trabalho

Leitura Constitucional e em Consonância com as Leis ns. 11.232/2005 e 11.382/2006

MARCELO FREIRE SAMPAIO COSTA

Procurador do Ministério Público do Trabalho lotado na 8ª Região.
Ex-Procurador do Estado do Pará. Mestrando em Direito pela UFPA.
Doutorando em Direito pela PUC/SP.
Especialista em Direito Material e Processual do Trabalho pela UNAMA.
Professor convidado dos cursos de Pós-Graduação da UNAMA
(Direito Material e Processual do Trabalho), UNAMA/EDUCAR, CESUPA
(Direito Processual Civil) e EMATRA 8ª Região.

Execução Provisória no Processo do Trabalho

Leitura Constitucional e em Consonância com as Leis ns. 11.232/2005 e 11.382/2006

Dados Internacionais de Catalogação na Publicação (CIP)
(Câmara Brasileira do Livro, SP, Brasil)

Costa, Marcelo Freire Sampaio
  Execução provisória no processo do trabalho : leitura constitucional e em consonância com as Leis ns. 11.232/2005 e 11.382/2006 / Marcelo Freire Sampaio Costa. — São Paulo : LTr. 2009.

  Bibliografia.
  ISBN 978-85-361-1311-1

  1. Direito processual do trabaho — Brasil 2. Execução (Direito trabalhista) — Brasil 3. Execução provisória — 4. Processo civil — Legislação — Brasil I. Título.

09-02523   CDU-347.952:331(81)

Índice para catálogo sistemático:

1. Brasil: Execução provisória : Processo civil : Direito do trabalho   347.952:331 (81)

Produção Gráfica e Editoração Eletrônica: **Peter Fritz Strotbek**
Capa: **Eliana C. Costa**
Impressão: **Assahi Gráfica**

© Todos os direitos reservados

EDITORA LTDA.

Rua Apa, 165 – CEP 01201-904 – Fone (11) 3826-2788 – Fax (11) 3826-9180
São Paulo, SP – Brasil – www.ltr.com.br

LTr 3789.5   Abril, 2009

À *Dani* e ao *Pedro Augusto*, pelo que sou e pelo que ainda serei.

Agradecimentos

Aos meus pais que me educaram sem medir esforços.

Ao Dr. *José Cláudio Monteiro de Brito Filho*, membro do MPT 8ª Região e jurista de escol, pelo essencial apoio em mais esse projeto.

Ao Dr. *Armando Casimiro Costa Filho*, da LTr Editora, que encampou esse sonho.

SUMÁRIO

Prefácio — *Luciano Athayde Chaves* 9

Capítulo 1 — Introdução 13

Capítulo 2 — Leitura da técnica da subsidiariedade conforme a Constituição 16
   2.1. Delimitando o tema 16
   2.2. Do viés clássico do princípio da subsidiariedade 19
   2.3. Leitura conforme a Constituição à técnica da subsidiariedade 20
   2.4. Dos reformistas radicais e dos conservadores. Reposicionamento da questão. Conclusão parcial 26

Capítulo 3 — Teoria geral da execução 29
   3.1. Posicionamento do tema 29
   3.2. Perfil histórico da tutela executiva. Da barbárie até o sincretismo 31
      3.2.1. Do sincretismo no processo do trabalho 35
   3.3. Da multa do art. 475-J 40
      3.3.1. Incidência no processo do trabalho 41
   3.4. Sistemáticas distintas. Execução em sentença de quantia e execução específica . 48
      3.4.1. Execução em sentença de tutela específica no processo do trabalho ... 49
      3.4.2. Execução em sentença de quantia no processo do trabalho 51
   3.5. Sentença, acórdão ou decisão interlocutória executável na pendência de recurso não recebido com efeito suspensivo 51
      3.5.1. Sistemática no processo do trabalho 52
   3.6. Distinção entre execução definitiva e provisória (fundada em decisão provisória). Execução completa e incompleta 54
      3.6.1. Sistemática no processo do trabalho 58

Capítulo 4 — Novel execução provisória no processo do trabalho decorrente das alterações legislativas havidas no processo civil, principalmente decorrentes da Lei n. 11.232/2005 60
   4.1. À guisa de introito 60
   4.2. Evolução histórica da execução provisória no processo civil (do CPC de 1939 até a Lei n. 11.232/2005) e no processo do trabalho 60
   4.3. Compatibilidade da multa do art. 475-J à execução provisória. Fase anterior à deflagração dos atos executivos 65

4.4. Instauração da execução provisória no processo do trabalho. Fase do cumprimento espontâneo distinta da realização de atos expropriatórios 69

4.5. Execução completa. *Caput* do art. 475-O e art. 899 da CLT 70

4.6. Sistemática da caução e a sua dispensabilidade 72

    4.6.1. Dispensa da caução 75

4.7. Responsabilidade objetiva e retorno das partes ao estado anterior 78

    4.7.1. Retorno das partes ao estado anterior e o dever de reparar o dano 79

4.8. Penhora em dinheiro em sede de execução de decisão de eficácia provisória no processo do trabalho 81

4.9. Execução provisória de decisões interlocutórias de obrigações de pagar e específicas no processo do trabalho 84

    4.9.1. Execução provisória de decisão interlocutória de obrigação de pagar . 85

    4.9.2. Execução provisória de decisão interlocutória de obrigação específica 86

4.10. Requerimento da execução. Autenticidade de peças 88

Referências bibliográficas 91

PREFÁCIO

O movimento de reforma no processo comum, especialmente as alterações promovidas no Código de Processo Civil, não é recente. Progressivamente, vem ganhando prestígio um importante esforço de substituir conceitos históricos e tecnicamente prestigiados por ferramentas procedimentais mais consentâneas com a expectativa fenomenológica e instrumental que deve presidir os problemas processuais.

Desde a grande força diretiva representada pela ideia de efetivo acesso à justiça, marca contemporânea da ciência processual, está muito presente entre nós uma aguçada preocupação com a efetividade processual e com a construção, portanto, de um *processo de resultado*, decorrente de uma empírica e coletiva constatação de que as técnicas processuais tradicionais não produziram, ao longo de sua experiência, uma eficiente entrega da tutela juridicional substancial.

Diante desse contexto, o Processo do Trabalho costumava sair ileso de críticas e quase sempre imune às demandas por reformas.

Em grande medida, esse fenômeno se justificava em face do vanguardismo de muitas de suas ferramentas, que têm mostrado, ao longo da linha histórica, uma curva importante de eficácia.

A oralidade de seus procedimentos, as técnicas de conciliação, o grau elevado de inquisitoriedade processual, o controle diferido das interlocutórias, a restrição dos efeitos recursais, a concentração de atos, dentre outras técnicas processuais, inspiram boa parte das medidas legislativas de transformação do processo comum.

Ainda que as anteriores reformas do Código de Processo Civil tenham recebido algum nível de atenção dos atores sociais que atuam no Direito Processual do Trabalho, creio ser possível, a esta altura, afirmar que as reformas de 2005 e 2006 lograram atrair atenção antes nunca sentida para o atual estágio do processo trabalhista.

A forte mudança arquitetural da Teoria Geral do Processo promovida pela Lei n. 11.232/2005, que extinguiu a autonomia do processo de execução e instituiu o procedimento de cumprimento de sentença, expôs alguns resíduos históricos que ainda habitam a tessitura de regras processuais da Consolidação das Leis do Trabalho — CLT.

A previsão de citação através de mandado (art. 880 da CLT) é exemplo de técnica manifestante ineficiente e superada por todos os outros subsistemas processuais, inclusive execução fiscal e juizados especiais.

De outra banda, as ferramentas de simplificação procedimental e de estímulo ao pagamento voluntário, previstas no art. 475-J do CPC, têm, a meu ver, grande potencial de promover melhoria na prestação jurisdicional, máxime quando conjugadas pelo forte ativismo judicial que sempre caracterizou a Justiça do Trabalho.

É por essas e outras razões que assistimos nos últimos anos a uma virtuosa produção de saberes em torno da melhoria do Processo do Trabalho, de modo a construir e apontar caminhos para a superação de alguns obstáculos que bloqueiam o protagonismo desse subsistema processual, que deve ser buscado em face da tutela social e alimentar que o inspira, que o movimenta, que o condiciona.

Vejo nesse contexto a importante contribuição que nos oferece *Marcelo Freire Sampaio Costa*, nessa obra que tenho a honra de prefaciar.

Por seu título, "*Execução Provisória no Processo do Trabalho:* leitura constitucional e em consonância com as Leis ns. 11.232/2005 e 11.382/2006", já é possível perceber sua inserção nesse debate em torno da relação entre o processo trabalhista e o processo comum reformado.

Seu conteúdo revela que se trata de um esforço importante na direção de dotar o Direito Processual do Trabalho de uma técnica mais eficaz de execução provisória das sentenças.

Partindo de uma abordagem metodológica sobre a integração das regras processuais laborais, e optando — a meu ver acertadamente — por um maior diálogo entre as fontes dos diversos ramos processuias, o autor examina as remotas e recentes mudanças no instituto do cumprimento, na pendência de recurso, da sentença condenatória trabalhista, assim como apresenta uma acurada reflexão sobre seu potencial e alcance, bem como seus limites.

Mais do que isso: o texto expõe a distância normativa existente no tratamento do tema entre o processo comum e o trabalhista. Este, que, por suposto, deveria ser mais célere e sensível às necessidades de seu jurisdicionado, em função da natureza especial e privilegiado do crédito exequendo, ainda estampa limites formais que foram apropriadamente abandonados pelo Código de Processo Civil, o qual, mercê das recentes alterações, autoriza não somente a apreensão de dinheiro, como sua liberação, no todo ou em parte, em dadas situações (art. 475-O), inclusive sem a prestação de caução.

As novas regras do processo comum estão mais sintonizadas com a nova distribuição do ônus do tempo do processo sugerida por sua moderna Teoria Geral, que não mais admite pesar apenas sobre os ombros do credor todos os dissabores pelo manejo incansável da pletora de recursos disponíveis no sistema processual brasileiro.

O exame do instituto da execução provisória, como costuma ser chamada (apesar das críticas bem fundamentadas do autor), é de estratégia importância para a seara trabalhista, pois apresenta um potencial de melhorar a prestação jurisdicional, dotando-lhe da necessária celeridade determinada pelo preceito fundamental constante do art. 5º, LXXVIII, da Constituição Federal.

A obra também ostenta o mérito de estudar um dos temas mais polêmicos da literatura especializada e da jurisprudência: a possibilidade ou não da aplicação da multa do art. 475-J nessa fase em que a sentença trabalhista sofre alguma restrição de plena exequibilidade diante da pendência de recurso.

Creio que o leitor encontrará aqui bons argumentos para construir suas opções interpretativas sobre esse tema desafiador, mas, ao mesmo tempo, tão caro àqueles que confiam e acreditam numa Justiça do Trabalho mais célere, eficiente e substancialmente mais justa.

Natal/RN, novembro de 2008.

Luciano Athayde Chaves

Capítulo 1

Introdução

O processo civil vem enfrentando sucessivas ondas de reformas há quase quinze anos. A pretensão dessas modificações é limar formalismos inúteis, buscando tornar-se procedimento lesto e efetivo à pretensão daquele que busca a proteção do Poder Judiciário.

O processo do trabalho, regrado pelo texto celetista, por sua vez, concebido ainda à época da vigência do Código de Processo Civil de 1939, e com ele guardando diversas semelhanças, como é o caso da concepção da execução provisória como um instrumento de mero acautelamento da pretensão resistida, conforme será apreciado em momento oportuno, estagnou no que tange às necessárias atualizações legislativas, e não vem granjeando, ao contrário do processo civil, amadurecimento jurisprudencial, muito menos doutrinário.

Esse panorama de imobilismo acabou por provocar natural sensação de acomodação da doutrina e jurisprudência.

Em outras palavras certamente mais duras: o processo do trabalho literalmente estagnou!

Recentemente, mais precisamente por intermédio da edição das Leis ns. 11.232/2005 (Lei de Cumprimento da Sentença) e Lei n. 11.382/2006 (lei que, além de tratar de outros assuntos, notadamente trouxe profundas reformas ao processo de execução de títulos extrajudiciais), a doutrina laboral e jurisprudência passaram a dedicar-se à difícil tarefa de tentar compatibilizar tais inovações com o processo do trabalho.

Parte da doutrina vem tentando classificar (e reduzir) tal movimento de aproximação dos reflexos benéficos das leis alterantes do CPC ao processo do trabalho como algo relativo a um suposto radicalismo, engendrado por "garotos" irresponsáveis, destruidores do "puro", "eficaz", "oral" e "despido de formalismos" processo laboral, denominando-se de conservadora, ou algo que o valha.

Conforme será apresentado ao longo do presente trabalho, tal bifurcação doutrinal (em lados opostos progressistas e reducionistas) é tacanha e não espelha a complexidade e importância de se buscar aprofundar a possibilidade dessas alterações processuais incidirem beneficamente no processo do trabalho, com reflexos benfazejos à efetividade da entrega da tutela jurisdicional nos tribunais do trabalho.

Essa bifurcação também não alcança a necessidade de se imaginar o ordenamento jurídico como um sistema, estando o texto constitucional situado no cimo dessa pirâmide e as demais normas infraconstitucionais logo abaixo, tal como idealizou um positivista jurídico clássico chamado *Hans Kelzen*, e, portanto, possuidor da capacidade de ordenar e conformar a totalidade da ordem infraconstitucional.

E o mais importante. O reconhecimento da existência de normas constitucionais, mesmo que de índole principiológica, dotadas de capacidade para impor comandos deônticos, isto é, condutas, regular comportamentos, tais quais as chamadas normas-regras ordinariamente o fazem.

Voltando ao possível encaixe dos retalhos legislativos do processo civil no processo do trabalho, acredita-se que tal assunto merece ser apresentado, de maneira bem singela, começando por intermédio da seguinte indagação: essas alterações possuem amparo em princípios constitucionais, tais como o da efetividade (art. 5º, XXXV da CF/1988) e da duração razoável do processo (art. 5º, LXXVIII, da CF/1988), motivo pela qual poderiam refletir em qualquer microssistema infraconstitucional, inclusive no processo laboral, considerando-se a ciência jurídica um verdadeiro sistema? Tal indagação não parece de difícil resposta!

A premissa anterior conecta-se com a chamada leitura moderna, porque também constitucional, da técnica da subsidiariedade no processo do trabalho, que admite a incidência do processo civil no processo laboral, desde que em conformidade com os vetores constitucionais citados anteriormente, quais sejam, efetividade e duração razoável do processo[1].

O presente estudo, após firmar considerações relativas à técnica da subsidiariedade no processo do trabalho, apresentar aspectos da teoria geral da tutela executiva, busca alcançar a necessária compatibilidade da sistemática da execução provisória do processo civil, após enfrentar longa série de reformas legislativas, com o processo do trabalho. Ressalta-se a limitação quanto às demandas de índole eminentemente individuais. A tutela coletiva, tão importante no cenário processual atual, inclusive no sítio do procedimento executivo, não integrou os limites desse estudo.

Aliás, no tema enfrentado na presente obra há apenas e tão somente um único regramento legal no processo do trabalho (art. 899 da CLT) disciplinando tal questão.

A dogmática positivista clássica que pensava o direito como se fosse similar às ciências exatas, despido de qualquer elemento subjetivo que o dirigisse à busca da justiça, sendo suficiente apenas e tão somente a aplicação da técnica da subsunção (fato incidente sobre a norma posta) há muito tempo restou superado.

---

(1) Começamos tal estudo na obra COSTA, Marcelo Freire Sampaio. *Reflexos da reforma do CPC no processo do trabalho: leitura constitucional do princípio da subsidiariedade.* São Paulo: Método, 2007.

O reconhecimento dos princípios como espécie do gênero norma e não apenas como mera técnica integrativa subsidiária (onde não houvesse a norma a regular o caso concreto incidiriam os princípios), tal como disposto no art. 4º da Lei de Introdução ao Código Civil[2], mostra-se forte indício de que tal modelo ancilar há de ser proscrito.

A presente obra caminha nesse sentido, defendendo posições, que podem ser consideradas heterodoxas, inclusive em alguns momentos criticando posições jurisprudenciais consolidadas, espera poder contribuir, de alguma maneira, com a evolução do processo laboral acadêmica e, quiçá, legislativa; e que tal evolução traga algum benefício à incessante busca da efetividade na entrega da tutela jurisdicional.

---

(2) "Quando a lei for omissa, o juiz decidirá o caso de acordo com a analogia, os costumes e os princípios gerais do direito".

Capítulo 2

Leitura da Técnica da Subsidiariedade Conforme a Constituição (Arts. 769 e 889 da CLT)

2.1. Delimitando o tema

À semelhança do acontecido em outros países[1], emprega-se a técnica da aplicação subsidiária do processo comum no processo do trabalho no Direito brasileiro.

Dizem os arts. 769 e 889 da CLT o seguinte:

> "Art. 769. Nos casos omissos, o direito processual comum será fonte subsidiária do direito processual do trabalho, exceto naquilo em que for incompatível com as normas deste capítulo."

> "Art. 889. Aos trâmites e incidentes do processo da execução são aplicáveis, naquilo em que não contravierem ao presente Título, os preceitos que regem o processo dos executivos fiscais para a cobrança judicial da dívida ativa da Fazenda Pública Federal".

O grande desafio atual é conferir construção interpretativa[2] dessa técnica diferente do modelo clássico até o momento apresentado pela doutrina processual laboral.

Tal construção mostra-se oportuna considerando as recentes reformas acontecidas no ordenamento jurídico pátrio, mais especificamente no Texto Constitucional, por

---

(1) Como bem lembra Estevão Mallet, em Portugal a subsidiariedade do processo do trabalho em relação ao processo civil também é aplicada. O processo do trabalho e as recentes modificações do Código do Processo Civil. In: *Revista LTr,* ano 70. N. 06. Junho de 2006. p. 668.

(2) "Interpretação e aplicação não se realizam autonomamente. O intérprete discerne o sentido do texto a partir e em virtude de um determinado caso". GRAU, Eros Roberto. *Ensaio e discurso sobre a INTERPRETAÇÃO/APLICAÇÃO do direito.* 2. ed. São Paulo: Malheiros. 2003. p. 84. Acerca dos limites da construção interpretativa, Gisele Santos Fernandes Góes assim se posiciona: "Por conseguinte, a interpretação dá vida ao texto do enunciado jurídico. O intérprete judicial, ao decidir, desempenha seu papel criador, desde que racionalmente fundamentado, por intermédio de argumentos adequados e aceitáveis". In: *Princípio da proporcionalidade no processo civil.* São Paulo: Saraiva. 2004. p. 11.

intermédio da Emenda Constitucional n. 45/2006, e na parte relativa à fase executiva do processo civil, por conta das Leis ns. 11.232/2005 e 11.382/2006.

Há pelo menos três premissas que deverão permear tal estudo interpretativo.

A primeira refere-se ao desafio do intérprete de construir balizamentos interpretativos necessariamente vinculados à busca da qualidade[3] da tutela jurisdicional[4], notadamente considerando o processo interpretativo também certamente constituído de caráter construtivo[5].

A segunda diz acerca da importância do chamado modelo constitucional do processo[6] no estudo, compreensão[7], conformação do modelo infraconstitucional, isto é, adoção como ponto de partida na interpretação/aplicação do direito o regramento principiológico, notadamente os chamados direitos humanos ou fundamentais[8], insculpidos na Lei Maior[9], sem descurar-se do fato de que o princípio da dignidade

---

(3) MOREIRA, José Carlos Barbosa. A Emenda Constitucional n. 45 e o processo. In: *Revista Dialética de Direito Processual*, n. 33. Dez. 2005. p. 52-63.

(4) Acerca da importância do conceito de tutela jurisdicional, com enfoque na questão do acesso à rápida resposta do Poder Judiciário, *vide*, dentre outros, DIAS, Jean Carlos. A crise do papel do juiz na tutela jurisdicional executiva. In: *Revista Dialética de Direito Processual*, n. 33. Dez. 2005. p. 38-45.

(5) Acerca dessa intrincada questão, veja-se a importante lição de Lenio Luiz Streck: "O processo interpretativo/hermenêutico tem (deveria ter) um caráter produtivo, e não meramente reprodutivo. Essa produção de sentido não pode, pois, ser guardada sob um hermético segredo, como se sua *holding* fosse uma abadia do medievo. Isto porque o que rege o processo de interpretação dos textos legais são as suas condições de produção, as quais, devidamente difusas e oculta(da)s, aparecem — no âmbito do discurso jurídico-dogmático permeado pelo respectivo campo jurídico — como se fossem provenientes de um 'lugar virtual', ou de um 'lugar fundamental'. In: *Hermenêutica jurídica e(m) crise*. Uma exploração hermenêutica da construção do direito. 7. ed. Porto Alegre: Livraria do Advogado, 2007. p. 93.

(6) Tal expressão parece ter sido cunhada por Cássio Scarpinella Bueno. "É neste misto de finalidades que repousa um conceito mais amplo — e mais correto, mormente quando analisada a questão a partir do modelo constitucional de processo — da função jurisdicional". In: *A nova etapa da reforma do Código de Processo Civil*. v. 1. São Paulo: Saraiva, 2006. p. 4.

(7) Já tratei sobre o tema brevemente em COSTA, Marcelo Freire Sampaio. Atentado e a Proibição de o Réu Falar nos Autos — Leitura Constitucional Necessária. In: *Revista Dialética de Direito Processual*, n. 22. Jan. 2005. p. 122-130.

(8) Ultrapassariam os limites deste trabalho firmar largas considerações acerca das nomenclaturas "direitos humanos" e "direitos fundamentais". No presente, são utilizados como expressões sinônimas, sem desconhecer a distinção consagrada por parte da doutrina que professa ser este termo adequado para aqueles direitos reconhecidos e positivados na esfera do direito constitucional positivo de um dado Estado, enquanto a expressão "direitos humanos" teria relação com documentos de direito internacional, portanto, de caráter supranacional. *Vide*, dentre tantos: BRITO FILHO, José Cláudio Monteiro de. *Discriminação no trabalho*. São Paulo: LTr, 2002. p. 18; CANOTILHO, J. J. Gomes. *Direito constitucional*. 5. ed. Coimbra: Almedina, 1992. p. 528; COMPARATO, Fábio Konder. *A afirmação histórica dos direitos humanos*. São Paulo: Saraiva, 1999. p. 210; SARLET, Ingo Wolfgang. *A eficácia dos direitos fundamentais*. 5. ed. Porto Alegre: Livraria do Advogado, 2005. p. 35-6.

(9) Aliás, tais direitos fundamentais, nos termos do parágrafo único do art. 5º do Texto Constitucional, "têm aplicação imediata".

da pessoa humana, consagrado como fundamento da República brasileira, verdadeiro princípio-matriz do Estado Democrático de Direito[10] (art. 1º, III, da Carta Magna), representa reconhecidamente o "epicentro axiológico da ordem constitucional, irradiando efeitos sobre todo o ordenamento jurídico e balizando não apenas os atos estatais mas também toda miríade de relações privadas"[11].

"A lei, como é sabido, perdeu seu posto de supremacia, e hoje é subordinada à Constituição"[12]. Nesse eito, todo e qualquer esforço interpretativo deverá ser realizado à luz da Constituição.

O processo, portanto, há de ser visualizado como se estivesse integralmente imerso na Teoria dos Direitos Fundamentais[13].

A terceira trata da imposição de se integrar, efetivamente, o processo do trabalho, menos evoluído no aspecto legislativo e científico[14], se comparado com o "primo" processo civil (seria uma espécie de encontro de o "primo rico" com o "primo pobre" — parodiando vetusto quadro televisivo humorístico) aos influxos integrativos da teoria geral do processo, congregando os campos particularizados do processo civil, laboral e penal "num só quadro e mediante uma só inserção no universo jurídico"[15]. O ideário da teoria geral do processo busca justamente a harmonia entre os institutos, troncos[16] principiológicos e garantias comuns a ambos os ramos processuais em enfoque.

---

(10) *Vide*, dentre outros, JACINTHO, Jussara Maria Moreno. *Dignidade humana. Princípio constitucional.* Curitiba: Juruá, 2006. p. 206.

(11) SARMENTO, Daniel. *A ponderação de Interesses na Constituição Federal.* Rio de Janeiro: Lumen Juris, 2000. p. 59.

(12) MARINONI, Luiz Guilherme. *Teoria geral do processo.* v. 1. São Paulo: RT, 2006. p. 21.

(13) Acerca desse fascinante tema, *vide* imprescindível obra de MARINONI, Luiz Guilherme. *Teoria geral do processo.* v. 1. São Paulo: RT, 2006.

(14) O processo do trabalho estagnou tanto no aspecto das necessárias alterações legislativas (talvez as últimas mais relevantes tenham sido extinção da representação classista na Justiça do Trabalho por intermédio da Emenda Constitucional n. 24/1999 e a implantação do procedimento sumaríssimo por intermédio da Lei n. 9.957/2000), quanto na produção acadêmica.

(15) DINAMARCO, Cândido Rangel. *A instrumentalidade do processo.* 5. ed. São Paulo: Malheiros, 1996. p. 59.

(16) "Não se trata de massificar o direito processual, em suas manifestações jurisdicionais ou não, estatais ou não. À teoria geral do processo não passam despercebidas as diferenças existentes entre os diversos ramos, que são independentes a partir do ponto de inserção no tronco comum. *Mas a seiva que vem do tronco é uma só*, é o poder a alimentar todos os ramos. Embora cada um deles tome a sua direção, nunca deixará de ser um ramo da árvore do processo. Nem pode afastar-se tanto que dê a impressão de isolar-se do sistema. Assim, há uma unidade nos grandes princípios, no entendimento das garantias constitucionais do processo, na estrutura e interação funcional dos institutos fundamentais, sem que com isso exijam soluções igualadas em todos os setores". DINAMARCO, Cândido Rangel. *Op. cit.*, p. 73-4. No mesmo sentido aduz Carlos Henrique da Silva Zangrando: "O processo

Como já salientado em trabalho anterior[17], a técnica da subsidiariedade possui dois vieses. O primeiro foi chamado de clássico. O segundo, mais adequado aos tempos modernos, foi chamado de nova leitura (ou leitura constitucional) do princípio da subsidiariedade no processo laboral. Vejamos.

2.2. Do viés clássico do princípio da subsidiariedade

Em pobre técnica de interpretação literal (a pior de todas elas) dos art. 769 e 889 do texto consolidado, os estudos doutrinários vêm apontado usualmente[18] dois elementos primordiais necessários à incidência supletória do CPC[19] no processo do trabalho: 1. omissão da lei processual trabalhista; 2. ausência de "incompatibilidade entre os textos do direito comum e o processo do trabalho"[20].

Assim, para ser utilizada tal técnica integrativa, isto é, para acontecer transposição de determinado regramento disposto na norma processual comum (leia-se, processo civil), bastaria a ausência (primeiro passo de verificação) de previsão no processo laboral daquela regra específica, bem como a inocorrência de incompatibilidade (segundo passo de verificação) da aplicação da mesma em relação ao ideário deste ramo.

Num primeiro momento, portanto, seria constatada a ausência de regramento legal no processo laboral para solução de um determinado caso concreto.

Posteriormente, buscar-se-ia verificar a compatibilidade daquela solução normativa transferida de outro ramo científico com o processo laboral, principalmente com o espírito deste.

---

do trabalho é um galho da grande árvore que é o direito processual. Da mesma forma que o direito processual civil e o direito processual penal, o direito processual do trabalho está íntima e indissoluvelmente ligado ao tronco-mor que é a ciência do direito processual, ramo autônomo da ciência do direito". *Processo do trabalho. Moderna teoria geral do direito processual.* Rio de Janeiro: Forense Universitária, 2007. p. 153.

(17) COSTA, Marcelo Freire Sampaio. *Reflexos da reforma do CPC no processo do trabalho: leitura constitucional do princípio da subsidiariedade.* São Paulo: Método, 2007.

(18) Valentin Carrion, ao contrário dos demais, aponta cinco requisitos: "a) não esteja aqui regulado de outro modo ("casos omissos", "subsidiariamente"); b) não ofendam os princípios do processo laboral ("incompatível"); c) se adapte aos mesmos princípios e às peculiaridades deste procedimento; d) não haja incompatibilidade material de aplicação (institutos estranhos à relação deduzida no juízo trabalhista); e) a aplicação de institutos não previstos não ser motivo para maior eternização das demandas e tem de adaptá-las às peculiaridades próprias". In: *Comentários à Consolidação das Leis do Trabalho.* 24. ed. São Paulo: Saraiva, 1999. p. 587.

(19) Quando o art. 769 menciona processo comum, significa dizer processo civil. Já a menção do art. 889 à lei dos executivos fiscais também levará ao direcionamento do CPC, pois a própria Lei n. 6.830/1980, art. 1º, menciona incidência subsidiária do processo civil.

(20) NASCIMENTO, Amauri Mascaro. *Curso de direito processual do trabalho.* 16. ed. São Paulo: Saraiva, 1996. p. 53. *Vide,* dentre outros, SARAIVA, Renato. *Curso de direito processual do trabalho.* 4. ed. São Paulo: Método, 2007; TEIXEIRA FILHO, Manoel Antonio. As novas leis alterantes do processo civil e sua repercussão no processo do trabalho. In: *Revista LTr,* ano 70, n. 03, mar. 2006. p. 274; BEBBER, Júlio César. *Cumprimento da sentença no processo do trabalho.* São Paulo: LTr, 2006. p. 16.

Lembre-se que o disposto no art. 889 da CLT, ao tratar da execução, menciona a possibilidade da incidência, quando haja compatibilidade, da Lei n. 6.830/1980, regente da cobrança judicial da dívida ativa da Fazenda Nacional. Desde logo, afirma-se a aplicação ínfima desse diploma na execução trabalhista, porque, além de a execução fiscal basear-se somente em título extrajudicial, o próprio art. 1º desse diploma legal menciona a incidência por subsidiariedade do CPC[21].

Para os defensores da corrente clássica somente haveria a possibilidade de aplicação dos mecanismos processuais havidos das recentes reformas do CPC se o Projeto de Lei n. 7.512/2006, que acrescentaria parágrafo único ao art. 769 da CLT ("Parágrafo único. O direito processual comum também poderá ser utilizado no processo do trabalho, inclusive na fase recursal ou de execução, naquilo em que permitir maior celeridade ou efetividade da jurisdição, ainda que existente norma previamente estabelecida em sentido contrário), apresentado pelo Deputado *Luiz Antônio Fleury*, for aprovado, sob pena de arbitrariedade e transgressão[22] ao sistema processual laboral.

Tal argumento pode ser lido também da seguinte maneira: desnecessário que a Carta Maior possua normas capazes de regular tal questão, o importante é que se aprove texto legislativo expresso sobre esse assunto. Ou seja, a pirâmide de Kelsen é literalmente virada de cabeça para baixo.

2.3. Leitura conforme a Constituição à técnica da subsidiariedade

Como mencionado anteriormente, não se pode olvidar da importância do chamado modelo constitucional do processo à correta leitura que se deve ter acerca do fenômeno da subsidiariedade no processo do trabalho.

Com efeito, o reconhecimento do *modelo constitucional de processo*, ou seja, a compreensão do processo à luz do Texto Maior impõe a necessidade de se atribuir ao disposto nos arts. 769 e 889 da CLT técnica de interpretação conforme[23] a

---

(21) Art. 1º A execução judicial para cobrança da Dívida Ativa da União, dos Estados, do Distrito Federal, dos Municípios e respectivas autarquias será regida por esta Lei e, subsidiariamente, pelo Código de Processo Civil.

(22) Nesse sentido, dentre outros, TEIXEIRA FILHO, Manoel Antonio. *Breves apontamentos à Lei n. 11.382/ 2006, sob a perspectiva do processo do trabalho*. São Paulo: LTr, 2007. p. 17.

(23) Para Luís Roberto Barroso, possível decompor tal técnica da seguinte maneira: "1. Trata-se de escolha de uma interpretação da norma legal que a mantenha em harmonia com a Constituição, em meio a outras possibilidades interpretativas que o preceito admite. 2. Tal interpretação busca encontrar um sentido possível para a norma, que não é o mais evidente que resulta da leitura de seu texto. 3. Além da eleição de uma linha de interpretação, procede-se à exclusão expressa de outra ou outras interpretações possíveis, que conduziriam a resultado contrastante com a Constituição. 4. Por via de consequência, a interpretação conforme a Constituição não é mero preceito hermenêutico, mas, também, um mecanismo de controle de constitucionalidade pelo qual se declara ilegítima uma determinada leitura da norma legal. Na interpretação conforme a Constituição, o órgão jurisdicional declara qual das

Constituição, isto é, em consonância com os princípios[24] constitucionais, notadamente o da razoável duração do processo[25] e da eficácia da tutela jurisdicional[26].

A leitura isolada e a interpretação literal dos pressupostos (omissão e compatibilidade) da técnica da subsidiariedade não se impõem mais como corretas nesta quadra da evolução da processualística. Isto significa a necessidade de integrar os dispositivos legais transcritos anteriormente ao aqui defendido modelo constitucional do processo.

A técnica em enfoque prestigia as três premissas citadas anteriormente, quais sejam: i) busca pela interpretação vinculada à efetividade do processo; ii) integração do processo do trabalho aos influxos científicos da teoria geral do processo; iii) importância a ser conferida ao modelo constitucional de processo, tendo a dignidade da pessoa humana como epicentro maior da ordem jurídica.

Mostra-se inclusive possível demonstrar o equívoco da jurisprudência quando deixa de observar derradeira premissa antes citada, senão vejamos.

---

possíveis interpretações de uma norma legal se revela possível com a Lei Fundamental. Isso ocorrerá, naturalmente, sempre que um determinado preceito infraconstitucional comportar diversas possibilidades de interpretação, sendo qualquer delas incompatível com a Constituição. Note-se que o texto legal permanece íntegro, mas sua aplicação fica restrita ao sentido declarado pelo Tribunal". In *Interpretação e aplicação da Constituição: fundamentos de uma dogmática constitucional transformadora*. São Paulo: Saraiva, 1996. p. 175.

(24) A leitura que se faz de princípio no presente afasta-se da concepção positivista estampada no art. 4º da Lei de Introdução ao Código Civil, isto é, meras técnicas de integração usadas apenas e tão somente na ausência da lei. Os princípios devem ser considerados como espécie do gênero norma jurídica, com ampla possibilidade de imposição de condutas. Nesse sentido *vide*, dentre tantos outros, BONAVIDES, Paulo. *Curso de direito constitucional*. 5. ed., São Paulo: Malheiros, 2000. p. 264; DWORKIN, Ronald. *Levando os direitos a sério*. Tradução e notas de Nelson Boeira. São Paulo: Martins Fontes, 2002; ALEXY, Robert. *Teoria de los derechos fundamentales*. Madri: Centro de Estúdios Constitucionales, 1997; DANTAS, David Diniz. *Interpretação constitucional no pós-positivismo. Teoria e Casos Práticos*. 2. ed. São Paulo: Madras, 2005. p. 101; SANCHIS, L. Pietro. *Sobre princípios e normas. Problemas del razonamiento jurídico*. Madrid: Centro de Estudios Constitucionales, 1992. p. 17.

(25) Diz o art. (art. 5º, LXXVIII) o seguinte: "A todos, no âmbito judicial e administrativo, são assegurados a razoável duração do processo e os meios que garantam a celeridade de sua tramitação". Acerca desse princípio incidindo efetivamente num caso concreto, o TST já se manifestou da seguinte maneira: "DURAÇÃO RAZOÁVEL DO PROCESSO (ART. 5º, LXXVIII, DA CONSTITUIÇÃO FEDERAL). DEVER DO MAGISTRADO. PRINCÍPIOS DA UTILIDADE E DA CELERIDADE DOS ATOS PROCESSUAIS. O processo e o procedimento constituem instrumentos de efetivação da Justiça, a qual deve, sempre que possível, ser realizada de forma rápida e eficiente, como direito das partes e dever indeclinável do magistrado". PROC. N. TST-RR-1527/2003-030-03-00.8, DJ de 19.12.2006. Também sobre o princípio da duração razoável do processo no cenário processual laboral, *vide*, com bastante proveito, FERNANDES JÚNIOR, Raimundo Itamar Lemos. *Direito processual do trabalho à luz do princípio constitucional da duração razoável*. São Paulo: LTr, 2008.

(26) Diz o art. 5º, XXXV: "a lei não excluirá da apreciação do Poder Judiciário lesão ou ameaça de direito".

Acerca da impossibilidade de flexibilização da ordem de cumprimento de precatórios, mesmo em caso de doença grave do exequente, a jurisprudência do TST vem se posicionando na seguinte linha:

> "AGRAVO DE INSTRUMENTO. RECURSO ORDINÁRIO EM AGRAVO REGIMENTAL. PRECATÓRIO. CABIMENTO. Trata-se de Agravo de Instrumento interposto contra decisão que, examinando Recurso Ordinário em Agravo Regimental, denegou seguimento ao Apelo, por incabível, nos termos da OJ 70 da SBDI-1, atual OJ n. 5 do Tribunal Pleno do TST. A decisão do Colegiado a quo, em precatório, pode ser impugnada mediante recurso ordinário. Agravo de Instrumento provido.
>
> PRECATÓRIO JUDICIÁRIO. QUEBRA DA ORDEM CRONOLÓGICA. Na esteira do entendimento jurisprudencial firmado pelo excelso Supremo Tribunal Federal, o ente público deve quitar o precatório de acordo com a rigorosa ordem de sua apresentação, haja vista que a quebra dessa sequência cronológica é a única hipótese que possibilita, por si só, o sequestro de dinheiro público. Assim, a decisão que defere direito de precedência por força do estado de saúde do credor, em detrimento de credores mais antigos, de fato, não atende o disposto no art. 100 da CF/88. Recurso Ordinário provido."[27]

Óbvio que o fato do beneficiário do precatório estar acometido de doença grave, câncer, obriga a necessária conjugação do art. 100 da Carta Maior, dispondo acerca da ordem para cumprimento de precatórios, com o princípio da dignidade da pessoa humana, insculpida no art. 1º, III, também do Texto Maior. E o mais importante. Este princípio, consoante mencionado em momento anterior, caracteriza-se por ser o epicentro axiológico do ordenamento jurídico, isto é, a ordem legal, inclusive constitucional, necessita ser interpretada e moldada à luz desse princípio.

A partir dessa constatação, não se torna difícil concluir que ordem de cumprimento de precatórios merece ser flexibilizada quando houver fato excepcional no caso em tela o beneficiário era portador de doença grave, que conjugue a sistemática ordenada de pagamento com o princípio da dignidade da pessoa humana, até para que a satisfação dessa demanda aconteça na pessoa do próprio exequente.

Veja-se que não se está propondo destruição do modelo constitucional de cumprimento de precatórios, apenas defendendo-se, em hipóteses excepcionais, a possibilidade de esse sistema ser confrontado com o princípio constitucional da dignidade da pessoa humana ,e, se for o caso, flexibilizado.

Voltando à questão da técnica em enfoque (leitura constitucional conforme a Constituição), vale ressaltar que encontra previsão legal expressa no parágrafo único do art. 28 da Lei n. 9.868/1999[28]. Confere a qualquer magistrado a possibilidade

---

(27) Tribunal Superior do Trabalho. Tribunal Pleno. PROC. N. TST-ROAG-128/2004-000-22-40.0. JOSÉ SIMPLICIANO FONTES DE F. FERNANDES. DJ – 19.12.2006.

(28) "A declaração de constitucionalidade ou de inconstitucionalidade, inclusive a interpretação conforme a Constituição e a declaração parcial de inconstitucionalidade sem redução de texto, tem eficácia

de "deixar de declarar a lei inconstitucional e realizar a única interpretação conforme a Constituição"[29]. Em outros termos, qualquer juiz, na rotina do ato de julgar, poderá (deverá) averiguar a compatibilidade da lei à luz da Constituição, deixando de aplicá-la em caso de inconstitucionalidade ou realizando-a por intermédio de interpretação à luz do texto constitucional.

Ademais, ressalte-se a possibilidade de as técnicas de interpretação permitirem ao interessado, e supostamente prejudicado, alçar tal contenda, também pela via do controle difuso, por intermédio de recurso extraordinário (art. 103, III, da CF/1988), ao Supremo Tribunal Federal.

Elevando essa perspectiva ao objeto da presente obra, impõe a visualização da necessária integração, e possível encaixe, das reformas hodiernas havidas no processo civil no processo do trabalho, mais especificamente a sistemática da execução provisória disposta na Lei n. 11.232/2005, Lei de Cumprimento da Sentença, tendo como norte a necessidade de visualizar nesta a possibilidade de alcançar maior efetividade à prestação jurisdicional trabalhista, em razoável duração processual.

Há corrente doutrinária moderna que sustenta a necessidade de se reconhecer o envelhecimento, ancilosamento normativo[30], dos dispositivos legais que tratam da técnica da subsidiariedade; em consequência, a impossibilidade dos mesmos regularem com eficácia os conflitos jurídicos hodiernos, bem como abrindo espaço aos institutos processuais forâneos, preponderantemente do processo civil, incidirem no laboral em toda ocasião em que for necessário e possível prevalecer a efetividade e qualidade na entrega da tutela jurisdicional[31], exatamente nos mesmos termos do projeto de lei citado anteriormente, que pretende a inserção de parágrafo único no art. 769 da CLT.

Além do necessário reconhecimento do envelhecimento dos dispositivos consolidados que tratam dessa questão, gerando óbvio descompasso entre as necessidades modernas de celeridade, segurança, justiça e efetividade (com qualidade) da entrega da prestação jurisdicional e a sistemática sexagenária celetista, mais importante

---

contra todos e efeito vinculante em relação aos órgãos do Poder Judiciário e à Administração Pública federal, estadual ou municipal".

(29) MARINONI, Luiz Guilherme. *Op. cit.*, p. 59.

(30) Expressão usada por Luciano Athayde Chaves. In: *A recente reforma no processo comum. Reflexos no processo do trabalho*. 3. ed. São Paulo: LTr, 2007. p. 33.

(31) Nessa mesma linha caminha Mauro Schiavi, senão vejamos: "Além disso, atualmente, a moderna doutrina vem defendendo um diálogo maior entre o Processo do Trabalho e o Processo Civil, a fim de buscar, por meio de interpretação sistemática e teleológica, os benefícios obtidos na legislação processual civil e aplicá-los ao Processo do Trabalho. Não pode o Juiz do Trabalho fechar os olhos para normas de Direito Processual Civil mais efetivas que a CLT, e se omitir sob o argumento de que a legislação processual do trabalho não é omissa, pois estão em jogo interesses muito maiores que a aplicação da legislação processual trabalhista e sim a importância do Direito Processual do Trabalho, com sendo instrumento célere, efetivo, confiável que garanta, acima de tudo, a efetividade da legislação processual trabalhista e a dignidade da pessoa humana". In: *Manual de direito processual do trabalho*. São Paulo: LTr, 2008. p. 100.

será destacar o imprescindível viés interpretativo constitucional que deve permear tal questão. A técnica da leitura conforme a Constituição a incidir sobre a subsidiariedade irá definitivamente contribuir à necessária compreensão sistemática[32] da ciência jurídica voltada à extração de resultado mais eficiente e justo à tutela jurisdicional.

Em suma, insta conferir interpretação conforme a Constituição ao modelo principiológico constitucional de processo e à técnica da heterointegração do processo civil no ramo trabalhista, representando, primeiramente, afirmar a insuficiência e o equívoco dos reflexos deitados sobre a leitura isolada dos elementos componentes desta (existência de omissão e compatibilidade da hetointegração)[33], bem como a necessidade de serem buscados resultados compatíveis à maior efetividade da tutela jurisdicional, preocupação tão presente na processualística moderna, além do reconhecimento da prerrogativa do texto constitucional necessariamente informar e conformar a legislação infraconstitucional[34].

Aliás, foi exatamente o que restou admitido literalmente pela respeitável Sessão Plenária da 1ª Jornada de Direito Material e Processual do Trabalho na Justiça do Trabalho, organizada, conjuntamente, pelo Tribunal Superior do Trabalho, Escola Nacional de Magistrados do Trabalho, e apoiado pelo Conselho de Escolas da Magistratura Trabalhista, em novembro de 2007, por intermédio de enunciado abaixo transcrito:

> "APLICAÇÃO SUBSIDIÁRIA DE NORMAS DE PROCESSO COMUM AO PROCESSO DO TRABALHO. OMISSÕES ONTOLÓGICA E AXIOLÓGICA. ADMISSIBILIDADE. Diante do atual estágio de desenvolvimento do processo comum e da necessidade de se conferir aplicabilidade à garantia constitucional da duração razoável do processo, os arts. 769 e 889 da CLT comportam interpretação conforme a Constituição Federal, permitindo a aplicação de normas processuais mais adequadas à efetivação do direito. Aplicação dos princípios da instrumentalidade, efetividade e não-retrocesso social."

Nessa toada argumentativa, a exigência da prévia aprovação do Projeto de Lei n. 7.512/2006, que, como dito antes, acrescentaria parágrafo único ao art. 769 da CLT para aproveitar a evolução legislativa do processo civil no processo do trabalho,

---

(32) Acerca do tema, vide: CANARIS, Claus Wilhelm. *Pensamento sistemático e conceito de sistema na ciência jurídica*. 3. ed. Lisboa: Fundação Calouste Gulbenkian, 2002.

(33) "Para se completar um ordenamento jurídico pode-se recorrer a dois métodos diferentes que podemos chamar, segundo a terminologia de Carnelutti, de *heterointegração* e de autointegração. O primeiro método consiste na integração operada através do: a) recurso a ordenamentos diversos; b) recurso a fontes diversas daquela que é dominante (identificada, nos ordenamentos que temos sob os olhos, como lei). O segundo método consiste na integração cumprida através do mesmo ordenamento, no âmbito da mesma fonte dominante, sem recorrência a outros ordenamentos e com o mínimo de recursos a fontes diversas da dominante". BOBBIO, Norberto. *Teoria do ordenamento jurídico*. Brasília: UNB, 1997. p. 146.

(34) Sobre o assunto já tivemos a oportunidade de escrever o seguinte: "Como já defendido anteriormente, a ordem infraconstitucional deverá ser interpretada levando-se em consideração a superioridade dos princípios constitucionais, e o fato de que, na verdade, é que conformam e informam o ordenamento infraconstitucional". COSTA, Marcelo Freire Sampaio. Atentado e a proibição de o réu falar nos autos — leitura constitucional necessária. In: *Revista Dialética de Direito Processual*, n. 22. Jan. 2005. p. 128.

significaria conferir acerba homenagem às piores consequências do positivismo jurídico clássico[35], e a pretensão desta corrente de criar uma ciência jurídica pura, que levaria à "compreensão supostamente neutra dos fenômenos jurídicos"[36], excluindo-se qualquer sorte de ponderações de cunho axiológico[37] na interpretação/aplicação[38] das normas jurídicas, além de reduzir o direito a um conjunto composto exclusivamente por normas-regras (positivismo como método[39]). Tal pretensão de objetividade extremada acabou por apartar o direito da moral.

Ademais, revela posição excessivamente comodista aguardar a aprovação do mencionado projeto legislativo para se avançar na posição ora defendida, como se o processo interpretativo fosse apenas e tão somente mera reprodução de leituras isoladas de textos legais, despidos da ideia da ciência jurídica compreendida como sistema, tendo o Texto Maior posição proeminente.

Além da questão importante do reconhecimento do irrefragável ancilosamento normativo da técnica da subsidiariedade prevista no texto celetista, à luz da corrente aqui alcunhada de clássica, necessário reposicionar, como sustentado até aqui, a função da lei e do intérprete do direito, resumindo essa ideia em tópicos da seguinte forma:

i) a lei subordina-se aos princípios constitucionais de justiça e, principalmente aos direitos humanos/fundamentais;

ii) a obrigação do intérprete ultrapassa a passividade, inerente ao positivismo jurídico clássico, para alcançar patamar de necessária busca voltada à afirmação do "conteúdo da lei comprometido com a Constituição"[40], realizando

---

(35) O positivismo, de fato, é um fenômeno multifacetário, motivo pelo qual reporta-se aqui à teoria kelseniana, que reflete os primados da concepção apresentada. Cf., dentre tantos: BEGEL, Jean-Louis. *Teoria geral do direito*. São Paulo: Martins Fontes, 2001. p. 15; DIAS, Jean Carlos. *O controle judicial de políticas públicas*. São Paulo: Método, 2007; DIMOULIS, Dimitri. *Positivismo jurídico*. São Paulo: Método, 2006.

(36) DIAS, Jean Carlos. *Op. cit.*, p. 28.

(37) Hans Kelsen, grande arauto do positivismo jurídico, assim assentou: "Quando a si própria se designa como pura teoria do direito, isto significa que ela propõe garantir um conhecimento apenas dirigido ao Direito e excluir deste conhecimento tudo quanto não pertença ao seu objeto, tudo quanto não se possa, rigorosamente, determinar como direito. Quer isto dizer que ela pretende libertar a ciência jurídica de todos os elementos que lhe são estranhos. Esse é o princípio metodológico fundamental". In: *Teoria pura do direito*. Tradução de João Batista Machado. 7. ed. São Paulo: Martins Fontes, 2006. p. 1.

(38) *Vide*, dentre outros, GRAU, Eros Roberto. *Ensaio e discurso sobre a interpretação/aplicação do direito*. 2. ed. São Paulo: Malheiros, 2003; GÓES, Gisele Santos Fernandes. *Princípio da proporcionalidade no processo civil*. São Paulo: Saraiva, 2004; STRECK, Lenio Luiz. *Verdade e consenso*: constituição, hermenêutica e teorias discursivas. Rio de Janeiro: Lumen Juris, 2006.

(39) Nesse sentido *vide*, com maior profundidade, TURA, Marco Antônio Ribeiro. O lugar dos princípios em uma concepção do direito como sistema. In: *Revista de Informação Legislativa*. Brasília: Senado Federal, v. 41, n. 163, jul./set. 2004. p. 216.

(40) MARINONI, Luiz Guilherme. *Op. cit.*, p. 22.

as necessárias adequações[41] em prol da eficácia e efetividade da tutela jurisdicional;

iii) a dignidade da pessoa humana é o epicentro do ordenamento jurídico.

Dessa feita, como dito anteriormente, o citado *modelo constitucional de processo* impõe a necessidade de conferir ao disposto nos arts. 769 e 889 da CLT técnica de interpretação conforme a Constituição, isto é, em consonância com os princípios constitucionais processuais, notadamente aquele prevendo a duração razoável do processo. A leitura isolada e a interpretação literal dos pressupostos (omissão e compatibilidade) da técnica da subsidiariedade não se impõem mais como corretas nesta quadra da evolução da processualística.

Também não se pode deixar de ressaltar que o dogma, tão acerbamente defendido por corrente doutrinária aqui chamada de clássica, de uma leitura fechada do art. 769 da CTL vem sendo mitigado ao longo do tempo. Basta lembrar que no processo do trabalho há pelo menos um subsistema, dentre os três existentes[42], alcunhado por alguns de jurisdição trabalhista metaindividual, operacionalizado pela aplicação simultânea[43], numa espécie de simbiose, das normas da Carta Maior (especialmente arts. 127, 129, III, IX, 8º, III e 114), leis do Ministério Público da União (Lei Complementar n. 75/1993) e dos Estados, Lei da Ação Civil Pública, parte processual do Código de Defesa do Consumidor, e, subsidiariamente, o texto consolidado e o Código de Processo Civil, nesta ordem. Isto significa verdadeira inversão da concepção clássica da técnica da subsidiariedade, pois é a ordem processual trabalhista que será manejada em caso de ausência e compatibilidade com os microssistemas legislativos antes citados.

Integrando essa perspectiva ao objeto da presente obra, impõe a visualização da necessária integração das reformas hodiernas havidas no processo civil, notadamente na parte da execução provisória decorrente da edição da Lei n. 11.232/2005, no processo do trabalho, tendo como norte a necessidade de visualizar naquelas a possibilidade de alcançar "maior efetividade à prestação jurisdicional trabalhista".

---

(41) Mais uma vez vale a pena transcrever Luiz Guilherme Marinoni: "A obrigação do jurista não é mais apenas a de *revelar* as palavras da lei, mas sim a de *projetar uma imagem,* corrigindo-a e adequando-a aos princípios de justiça e aos direitos fundamentais. Aliás, quando essa correção ou adequação não for possível, só lhe restará demonstrar a inconstitucionalidade da lei — ou, de forma figurativa, comparando-se a sua atividade com a de um fotógrafo, descartar a película por ser impossível encontrar imagem compatível". *Op. cit.*, p. 45.

(42) Veja com vagar tais subsistemas em LEITE, Carlos Henrique Bezerra. *Ação Civil Pública: nova jurisdição trabalhista metaindividual e legitimação do Ministério Público do Trabalho.* São Paulo: LTr, 2001. p. 78-87.

(43) Vale apontar que a jurisprudência do TST, ao editar a Orientação Jurisprudencial n. 130 — SBDI2, cometeu equívoco semântico quando mencionada a aplicação analógica do art. 93, do Código de Defesa do Consumidor, quando na verdade a analogia é despropositada, pois tal diploma deve ser lido/interpretado/aplicado como um sistema integrado de leis. Tal erro semântico provocou inequívocas erronias no que pertine à competência funcional-territorial das ações civis públicas — cujo aprofundamento é inadequado no presente.

2.4. Dos reformistas radicais e dos conservadores. Reposicionamento da questão. Conclusão parcial

Há corrente doutrinária pretendendo firmar divisão entre os defensores dos eflúvios dos reflexos das hodiernas alterações do CPC no processo do trabalho, dividindo-os em conservadores, de um lado, e "reformistas radicais, do outro".[44]

A alcunha de "reformista radical" justificar-se-ia em razão de "uma certa histeria pela *efetividade processual*"[45] e pela busca inócua de se tentar construir compatibilidade entre sistemas processuais "incompatíveis por princípio"[46].

Do outro lado da trincheira, estão os alcunhados de "conservadores", defendendo posição de soberania e caráter vanguardeiro do processo do trabalho, desnecessidade de integração do processo civil e até da Carta Maior com o processo do trabalho, além da leitura fechada dos requisitos (omissão e compatibilidade) à técnica da subsidiariedade previstos nos dispositivos legais em enfoque.

Não parece ser adequado situar a discussão nesses termos.

Como salientado em momento anterior, a questão primordial não é afirmar (de forma histérica ou comedida) o vanguardismo ou não da ciência processual laboral em relação ao processo civil, nem muito menos reconhecer a capitulação, por ancilosamento ou ausência da evolução legislativa, da sistemática daquele.

A questão passa pela necessidade de se reconhecer, como afirmado em momento anterior, além da busca da efetividade do processo laboral também pelas mãos da reforma do CPC[47], a indispensabilidade de se conferir leitura desses dispositivos à luz dos princípios da efetividade e duração razoável do processo, isto é, leitura conforme a Constituição visando ao aproveitamento da técnica processual civil

---

(44) PINTO, José Augusto Rodrigues. A polêmica trabalhista em torno da Lei n. 11.232/2005 — fase de cumprimento das sentenças no processo de conhecimento. In: *Revista LTr*, ano 71, n. 11, nov. 2007. p. 1296.

(45) *Idem*. Há recente trabalho que exacerba tal alcunha, chegando a firmar inusitada comparação dessa citada busca desenfreada pela efetividade da execução trabalhista com "execuções carregadas das mesmas medidas extremadas que o BOPE de *Tropa de Elite* (o filme), sob o comando do *Capitão Nascimento*, aplicava no combate ao tráfico de drogas nos morros cariocas". GASPARINI, Maurício. As tropas de elite e a febre de efetividade na execução trabalhista. In: *Revista LTr*, ano 72, n. 03, mar. 2008. p. 333.

(46) PINTO, José Augusto Rodrigues. *Op. cit.*, p. 1299.

(47) "Dito em outras palavras, mais claras e diretas: quando alguém diz que foram formuladas mudanças no Código de Processo Civil, o processualista trabalhista deve indagar: — alguma das inovações traz benefícios à efetividade do processo do trabalho, para fins de melhor fazer valer os direitos trabalhistas? Se a resposta for negativa, ou até o contrário, que representa a criação de uma formalidade capaz de gerar algum óbice a este propósito, deve-se concluir sem medo de estar errado: — então, não é preciso nem dizer quais foram as tais alterações!". MAIOR, Jorge Luiz Souto. Reflexos das alterações do Código de Processo Civil no processo do trabalho. In: *Revista LTr*, ano 70, n. 08, ago. 2006. p. 921.

renovada no processo do trabalho, com as devidas adaptações, sem descurar ou fazer *tábula rasa* das peculiaridades deste.

É preciso lembrar que o sistema jurídico hodierno não se pode levar pelas chamadas "interpretações despistadoras"[48] do Texto Constitucional, ou seja, interpretações que tornam ineficaz, tal qual uma folha de papel fugidia, o regramento legal maior, bloqueando a legítima aspiração de busca da efetividade da tutela jurisdicional no processo laboral, à luz de um sistema principiológico capaz de impor e regrar condutas.

No caso em destaque a interpretação legítima, ressaltando mais uma vez, seria aquela em que a técnica da subsidiariedade deve ser lida conforme a Constituição, moldando e conformando a execução trabalhista aos novos eflúvios de efetividade do processo civil.

---

(48) Expressão utilizada por STRECK, Lenio Luiz. *Hermenêutica jurídica e(m) crise. Uma exploração hermenêutica da construção do direito*. 7. ed. Porto Alegre: Livraria do Advogado, 2007. p. 91.

Capítulo 3

Teoria Geral da Execução

3.1. Posicionamento do tema

Inicialmente deve-se conceituar tutela jurisdicional[1] executiva como a efetivação coativa, no plano dos fatos, "do resultado previsto no ordenamento jurídico"[2], não atendido espontaneamente por parte do sujeito obrigado.

A execução forçada, ao contrário da fase de conhecimento em que se busca ainda a formulação "a respeito da incidência ou não da norma abstrata"[3], aproximando o juízo dos fatos e preparando-o para julgar a causa[4], tem por finalidade a satisfação concreta, no plano dos fatos, do direito de uma das partes, em razão da ausência de colaboração do vencido.

Trata-se não mais de declarar, "mas de 'efetivar' o direito declarado"[5], seja em título (sentença, acórdão e decisão interlocutória) judicial (provisório ou definitivo) ou extrajudicial. Isto significa satisfação coativa da pretensão reconhecida pela exequente.

Visualizando a tutela jurisdicional executiva como resultado, na execução forçada tal ocorrerá, normalmente, "com a entrega do bem (corporificado em pecúnia ou obrigação específica) devido ao credor"[6].

Portanto a distinção está no "endereçamento teleológico"[7] de cada um deles. A cognição converge sua força para alcançar uma decisão final de acertamento;

---

(1) Expressão utilizada tanto para designar procedimentos destinados a alcançar determinado resultado, quanto para qualificar o próprio "resultado da atividade desenvolvida pelos órgãos judiciários em favor daquele que está amparado pelo direito material". MEDINA, José Miguel Garcia. *Execução civil. Princípios fundamentais.* São Paulo: RT, 2002. p. 49.

(2) ZAVASCKY, Teori Albino. *Processo de execução. Parte geral.* 3. ed. São Paulo: RT, 2004. p. 29.

(3) *Idem*, p. 27.

(4) DINAMARCO, Cândido Rangel. *A instrumentalidade do processo.* 5. ed. São Paulo: Malheiros, 1996. p. 90.

(5) ABELHA, Marcelo. *Manual de execução civil.* 2. ed. São Paulo: Forense Universitária, 2007. p. 6.

(6) MEDINA, José Miguel Garcia. *Op. cit.*, p. 50.

(7) Expressão de DINAMARCO, Cândido Rangel. *Execução civil.* 6. ed. São Paulo: Malheiros, 1998. p. 114.

enquanto a execução parte desse acertamento para lograr satisfazer a pretensão jurisdicional vitoriosa, no plano empírico[8].

Para atingir o principal referencial teórico do presente estudo, necessário apresentar alguns aspectos relativos ao desenvolvimento da tutela executiva ao longo da história do processo civil até alcançar o modelo hodierno, firmando-se o devido encaixe na sistemática laboral.

Antes, necessário ressaltar a mudança de postura da doutrina e, principalmente, do legislador, em relação à tutela executiva. Neste caso, basta salientar as alterações recentes decorrentes das Leis ns. 11.232/2005 e 11.382/2006. Quanto aos estudos doutrinários, a execução deixou de ocupar posto tradicionalmente secundário[9] na ciência processual, se comparada ao processo de conhecimento e o decorrente mito da cognição[10].

Esse mito da cognição retrata significativo desvelo de esforços acadêmicos, legislativos, e até orçamentários, no desenvolvimento da fase de cognição, em detrimento do módulo executivo, como se esta, à semelhança do período medieval[11], não fosse considerada atividade jurisdicional, e, também, como se fosse possível falar de acesso à Justiça e celeridade da entrega da prestação jurisdicional ignorando-a e, também, a consequente satisfação material dela decorrente.

Aliás, a "separação radical"[12] havida entre processo de conhecimento e processo de execução, consoante será desenvolvido posteriormente, no Código de Processo Civil vigente, justifica-se na ausência de caracterização da atividade executória como jurisdicional, daí a imposição equivocada de se "purificar" o processo de conhecimento de toda e qualquer atividade satisfativa, transferindo-a a um momento "pós-sentencial"[13], apto apenas à realização de atos meramente materiais.

Tal concepção vem sendo paulatinamente rechaçada a partir da óbvia constatação de que a atividade jurisdicional não se limita a dirimir, apenas *in thesi* por intermédio da prolação de sentença, conflito de interesses individuais ou coletivos, mas se volta a "garantir a observância da lei em qualquer caso"[14], tanto nas situações de mera declaração do direito, quanto na de efetivação do comando sentencial exarado.

---

(8) No mesmo sentido *vide* GUERRA, Marcelo Lima. *Direitos fundamentais e a proteção do credor na execução civil*. São Paulo: RT, 2003. p. 30.

(9) DINAMARCO, Cândido Rangel. *Op. cit.*, p. 21. Cf., também: DINAMARCO, Cândido. *A instrumentalidade do processo*. 5. ed. São Paulo: Malheiros, 1996. p. 67; DIAS, Jean Carlos. A crise do papel do juiz na tutela jurisdicional executiva. In: *Revista Dialética de Direito Processual*, n. 33, dez. 2005. p. 38-51.

(10) CHAVES, Luciano Athayde. O Processo de execução trabalhista e o desafio da efetividade processual. In: *Revista LTr*, São Paulo. v. 65, n. 12, dez. 2002.

(11) Nesse mesmo sentido, *vide* SILVA, Ovídio Batista da. *Curso de processo civil: execução obrigacional, execução real, ações mandamentais*. v. 2, 3. ed. São Paulo: RT, 1998. p. 20.

(12) SILVA, Ovídio Batista da. *Curso de processo civil*. v. 2, 3. ed. São Paulo: RT, 1998. p. 21.

(13) *Idem, ibidem*.

(14) BAUMOHL, Debora Ines Kram. *A nova execução civil. A desestruturação do processo de execução*. São Paulo: Atlas, 2006. p. 25.

No processo do trabalho tal panorama não é diferente, malgrado o propagado mito do procedimento executivo simplificado[15] — parcamente regrado no texto consolidado nos arts. 876 até 892. Basta consultar atas de correições ordinárias realizadas pela Corregedoria Geral da Justiça do Trabalho ao longo do ano de 2008 nos diversos Tribunais regionais (de norte a sul) desse País[16] para se constatar o óbvio, ou seja, avalanche — crescendo em progressão geométrica — de feitos em fase executiva, não conseguindo a jurisdição, pela técnica executiva clássica, satisfazer a pretensão jurisdicional resistida em tempo minimamente razoável.

Em poucas palavras: os feitos executivos devem voltar às mesas de trabalho dos magistrados, deixando de ser enfrentados como mera fase administrativa do processo.

3.2. Perfil histórico da tutela executiva. Da barbárie até o sincretismo

Ao longo da história, desde as regras desumanas do processo civil romano clássico em que eram permitidas, por intermédio da *manus injectio*, as maiores atrocidades[17] físicas, morais e patrimoniais ao devedor, até os dias atuais, o panorama alterou-se completamente, principalmente levando-se em consideração que a execução, por intermédio de um "processo lento e gradativo"[18], deixou de ser corporal e passou a ser patrimonial (princípio da realidade da execução ou da patrimonialidade[19]), a partir da *Lex Poetelia* (por volta do sec. V), quando o devedor passou a responder com seus bens, presentes e futuros, pela dívida contraída.

Após essa fase, considerando a construção da perfeita (e radical) distinção teleológica entre o processo formal[20] de conhecimento e processo de execução do

---

(15) "Mesmo a CLT prevendo um procedimento simplificado para a execução, a cada dia o procedimento da Consolidação vem perdendo terreno para a inadimplência, contribuindo para a falta de celeridade processual". SCHIAVI, Mauro. *Op. cit.*, p. 691.

(16) Disponível em: <www.tst.gov.br> Acesso em: 7 maio 2008.

(17) DINAMARCO, Cândido Rangel. *Execução civil*. 6. ed. São Paulo: Malheiros, 1998. p. 31.

(18) BARROS, Alice Monteiro de. Execução de títulos extrajudiciais. In: NETO, José Affonso Dallegrave; FREITAS, Ney José (coords.). *Execução trabalhista. Estudos em homenagem ao Ministro João Oreste Dalazen*. São Paulo: LTr, 2002. p. 20.

(19) Nesse sentido dispõe o art. 591 do CPC: "O devedor responde, para cumprimento de suas obrigações, com todos os seus bens (patrimônio) presentes e futuros, salvo restrições estabelecidas em lei".

(20) "Cumpre notar que, no direito brasileiro, a existência de um processo em particular está associada a certos fatores puramente formais, a saber, a existência de uma petição inicial e de uma citação da parte passiva. Portanto, a idéia de um processo particular, ou melhor a existência autônoma de um processo determinado, nos termos da lei processual positiva, é inteiramente independente do tipo de tutela jurisdicional prestada, podendo mesmo se deparar tanto com situações em que nenhuma tutela jurisdicional é prestada em um dado processo, que mesmo assim é autônomo, ou dotado de existência autônoma, como também com situações em que num único processo, nesse sentido, ser prestada mais de um tipo de tutela jurisdicional". GUERRA, Marcelo Lima. *Op. cit.*, p. 31. Cf., dentre

projeto original do edifício processual civilista de 1973, inclusive dispostos em livros distintos, que vinculava via de regra o cumprimento de uma sentença condenatória a um processo de execução, este variando apenas em razão da "específica modalidade de obrigação nele contida"[21], tal separação começou a sofrer sucessivos abalos.

Vale citar que, ainda antes das alterações legais a serem historiadas no presente, essa autonomia já apresentava exceções, *v. g.*, a admissão de "postulações diretas de tutela executiva"[22] nas ações de execução fundadas em título executivo extrajudicial, providência de índole executiva havida no nascedouro da ação de depósito (art. 902, I, do CPC), as chamadas ações executivas *lato sensu* e mandamentais (classificação quinária das sentenças[23]), "relacionadas a procedimentos especiais como as ações possessórias e o mandado de segurança"[24], além das medidas ditas interinais historicamente havidas no direito de família (alimentos provisórios, guarda provisória, compartilhada ou não, de filhos, direito de visita e etc.). Nestes procedimentos há possibilidade de concomitância de medidas de cognição e execução na mesma relação processual, configurando, de há muito, o hoje tão propagandeado sincretismo[25] processual.

---

tantos: LIEBMAN, Enrico Túlio. *Processo de execução*. 3. ed. São Paulo: Saraiva, 1968. p. 38; JÚNIOR, Humberto Theodoro. *Curso de direito processual civil*. v. II, 4. ed. Rio de Janeiro: Forense, 1988. p. 715.

(21) BUENO, Cassio Scarpinella. *A nova etapa da reforma do Código de Processo Civil*. v. 1. São Paulo: Saraiva, 2006. p. 280.

(22) ZAVASCKI, Teori Albino. Processo de execução. Parte geral. 3. ed. In: *Coleção Estudos de Direito de Processo*. v. 42. São Paulo: RT, 2004. p. 33.

(23) Óbvio que não há espaço no presente para aprofundar a discussão, ainda tão acerba na doutrina, acerca da viabilidade conceitual da classificação quinária, apresentada originariamente no cenário pátrio pela genialidade de Pontes de Miranda. Apenas defende-se posição pela adequação desta classificação, principalmente em razão das recentes alterações legislativas. Vale-se, para tanto, de Luiz Guilherme Marinoni, *verbis*: "*Reunir sob o rótulo de condenação as sentenças mandamental e executiva significa dar a novas realidades um nome que servia — e serve — para identificar outra. Ou muito pior: é eliminar os valores e as repercussões das novas realidades, espremendo-as para caberem em uma classificação antiga, como se as classificações fossem perenes*". Técnica processual e tutela dos direitos. São Paulo: RT, 2004. p. 125. Ovídio A. Batista da Silva também reconhecia tais novas formas de tutela jurisdicional, mandamental e executiva *lato sensu*, porém, as "incluía" no processo de execução, porque exigem "a realização de funções executivas". Op. cit., p. 22.

(24) ARAÚJO, José Henrique Mouta. *Reflexões sobre as reformas do CPC*. Salvador: Ed. Jus Podivm, 2007. p. 49.

(25) O fenômeno do sincretismo vem sendo apresentado, não é de hoje, por vários doutrinadores. Dentre outros, confira: DINAMARCO, Cândido Rangel. *Execução civil*. 6. ed. São Paulo: Malheiros, 1998. p. 133; SILVA, Ovídio A. Batista da. Ação para cumprimento das obrigações de fazer e não fazer. In: José Carlos Teixeira Giorgis (coordenador). *Inovações do Código de Processo Civil*. Porto Alegre: Livraria do Advogado, 1997. p. 174. Também há críticas à expressão sincretismo processual: "... tal terminologia nem é muito adequada para refletir o fenômeno — já que não se trata de "sincretismo", mas sim de sucessão conjugada — nem mesmo necessária: aqui se aplica, com muito maior fidelidade ao fenômeno, a expressão "processo de predominantemente função executiva", inspirada na doutrina italiana do princípio do séc. XX". GUERRA, Marcelo Lima. *Direitos fundamentais e a proteção do credor na execução civil*. São Paulo: RT, 2003. p. 33.

A Lei n. 8.952/1994 que generalizou a possibilidade, consoante os balizamentos dispostos no art. 273 do CPC, da concessão de medidas de cunho antecipatório-satisfativo-executivo no interior do processo de conhecimento, trouxe profundas consequências, "não apenas no campo cautelar, mas também no de conhecimento e execução"[26], talvez primordialmente em relação a este último, considerando a generalização de medidas de viés satisfativo, do próprio direito material vindicado (do bem da vida em litígio) no seio da fase cognitiva. A concepção original do edifício processual civil foi abalada, em um caminho sem retorno. O ideário de pureza declaratória do processo de cognição, despido de atos materiais de satisfação, caiu por terra.

Veio, posteriormente, a Lei n. 10.444/2002, ruindo ainda mais a estrutura processual originária, complementando as mudanças iniciadas pela Lei n. 8.952/1993, isto é, a adoção em regra do modelo do processo sincrético, portanto, "generalizando-se a dispensa de ação de execução"[27] de sentença aparelhada de obrigações de fazer, não fazer e entregar coisa (arts. 461 e 461-A do CPC).

Nesse eito, após a edição dos diplomas legais citados, generalizou-se a adoção do chamado processo sincrético à efetivação de tutelas das obrigações de fazer, não fazer e entregar coisa, ou seja, a "execução dessas sentenças prescindia da instauração de um novo processo: dava-se uma fase do procedimento posterior à certificação do direito, denominada *fase executiva*"[28].

O processo executivo autônomo, assim como concebido originalmente, seria admitido, naquele momento, apenas em relação às execuções por quantia certa, de rito especial do Livro II do CPC (*v. g.* execução contra a Fazenda Pública e alimentícia) e aquelas consagradas em títulos executivos extrajudiciais.

Por fim, veio a Lei n. 11.232/2005, fixando a chamada fase de cumprimento das sentenças no processo de conhecimento, que acabou por derrogar o modelo anterior do originário diploma processual civil.

Quando se menciona a expressão "cumprir a sentença, acórdão ou decisão interlocutória", significa entabular uma modalidade aplicada tanto às obrigações de pagamento de quantia, quanto às obrigações específicas[29]. Em outros termos,

---

(26) ZAVASCKI, Teori Albino. *Antecipação da tutela.* 5. ed. São Paulo: Saraiva, 2007. p. 45.

(27) MARINONI, Luiz Guilherme. *Técnica processual e tutela dos direitos.* São Paulo: RT, 2004. p. 121.

(28)) DIDIER Júnior, Fredie; BRAGA, Paula Sarno; OLIVEIRA, Rafael. *Curso de direito processual civil.* v. 2. Salvador: Edições Jus Podivm, 2007. p. 418.

(29) Acerca da abrangência da nomenclatura "cumprimento", bem como das modalidades que esta abriga, não podemos deixar de transcrever, na íntegra, ensinamento do insuperável José Carlos Barbosa Moreira, *verbis*: "Que se tira, imediatamente, da leitura desse texto? Que cumprimento da sentença, expressão usada na rubrica, é noção abrangente de mais de uma figura: autêntico gênero dividido em espécies. Invertendo a ordem adotada na redação, tem-se uma espécie de cumprimento peculiar à obrigação por quantia certa; e a tal espécie, unicamente a ela, se dá aí o nome de execução. A parte inicial do dispositivo cinge-se a remeter aos arts. 461 e 461-A, determinando que o cumprimento se realize na conformidade do que um e outro dispõe: o primeiro, sobre ações que tenham por objeto o cumprimento de obrigação de fazer e não fazer, o segundo, para que a ação que tenha por objeto

cumprir é gênero do qual cumprir por execução (quantia) e cumprir por efetivação (obrigações específicas) seriam espécies; a par da possibilidade de se utilizar a mesma nomenclatura — execução — para essas espécies distintas[30], como, inclusive, será feito ao longo do presente trabalho.

Essa citada lei de cumprimento modificou o conceito originário de sentença[31] estampado no parágrafo primeiro do art. 162[32][33], e, por consequência, acabou por ajustar a cabeça dos arts. 267, 269 e 463,[34] visando a esclarecer que a atividade jurisdicional não se limita à mera declaração da existência de lesão ou ameaça de direito[35] e não se exaure "com o reconhecimento do direito na sentença (sentença definitiva) ou com o reconhecimento de que não há como o Estado-juiz manifestar-se sobre o direito na forma como foi provocado (sentença terminativa)"[36], pois enquanto perdurar a litispendência, não haverá a entrega da tutela jurisdicional.

Via de consequência, o processo necessariamente será a junção do conhecimento mais a realização, resultando na satisfação material, entrega do bem da vida vindicado.

---

entrega de coisa — subtendida em ambos os casos, é óbvio, a procedência do pedido. O art. 475-I, *caput,* abstém-se de indicar denominação específica para esse(s) tipo(s) de cumprimento; dá a entender, porém, *a contrario sensu,* que a nenhum dos dois convém o *nomen iuris* de execução. Em suma: *sob a denominação genérica de cumprimento por execução, supostamente limitado à hipótese de obrigação por quantia certa, e um cumprimento sem denominação própria (dividido em duas subespécies), para os casos dos arts. 461 e 461-A".* (grifos não constam no original). In: Cumprimento e execução de sentença: necessidade de esclarecimentos conceituais. *Revista Dialética de Direito Processual* n. 42, setembro de 2006, p. 56-68. Apesar de concordar plenamente com a distinção feita pelo mestre, adotar-se-á no presente, para fins meramente didáticos, *as expressões cumprimento e execução como se fossem sinônimas.*

(30) "A mistura terminológica não se justifica: há execução sempre que se pretender efetivar materialmente uma sentença que imponha uma prestação (fazer, não fazer, entregar coisa ou pagar quantia), pouco importando a natureza dessa prestação". DIDIER Júnior, Fredie; BRAGA, Paula Sarno; OLIVEIRA, Rafael. *Op. cit.*, p. 418.

(31) "Era comum afirmar-se, principalmente em razão do que dispunha o art. 162, § 1º, do CPC, com redação anterior à Lei n. 11.232/2005, que a sentença é o pronunciamento do juiz que põe fim ao procedimento, em primeiro grau de jurisdição". WAMBIER, Teresa Arruda Alvim. Nulidades do processo e da sentença. 6. ed. In: *Coleção Enrico Tullio Liebman.* v. 16. São Paulo: RT, 2007. p. 27.

(32) Art. 162 (§ 1º) Sentença é o ato do juiz que implica alguma das situações previstas nos arts. 267 e 269 desta Lei.

(33) A redação anterior do art. 162 do CPC entabulava que a sentença, apreciando ou não o mérito (pedidos), era o pronunciamento pelo qual o juiz fixava "termo ao processo".

(34) Art. 267 – Extingue-se o processo, sem resolução de mérito; Art. 269 – Haverá resolução de mérito; Art. 463 – Publicada a sentença, o juiz só poderá alterá-la.

(35) Lembre-se que, como mencionado em momento anterior, apenas reconhecia-se o fenômeno da jurisdição no processo de conhecimento, daí a necessidade histórica de purificá-lo de qualquer atividade meramente material e satisfativa (atos executórios).

(36) BUENO, Cássio Scarpinella. *A nova etapa da reforma do Código de Processo Civil.* v. 1. São Paulo: Saraiva, 2006. p. 06.

Assim, regra geral, deixou de haver autonomia da via executiva judicial até em relação aos casos envolvendo condenação em pecúnia (art. 475-I[37]), excepcionadas, por exemplo, as hipóteses das execuções de títulos extrajudiciais — em que não ocorre fase cognitiva prévia, as execuções ditas especiais (execução por quantia certa para pagamento de verba alimentícia, execução de quantia certa em desfavor da Fazenda Pública e execução por quantia certa contra devedor insolvente), nas hipóteses de sentença penal condenatória e sentença arbitral.

A mudança do conceito de sentença (e as consequentes alterações dos dispositivos legais já mencionados) trazida pela sistemática do cumprimento talvez tenha sido o abalo mais forte imposto ao modelo processual anterior, porque, além de ter afastado a idéia de a execução não se enquadrar no fenômeno da jurisdição, daí a posição secundária histórica por ela enfrentada, reconheceu a sentença como ato ordinariamente demarcatório do final de uma fase (de cognição) e início de outra, caso haja móvel à deflagração da fase executiva. É o aperfeiçoamento do sincretismo[38] ou sincretização[39] processual.

O desafio agora é posicionar esse movimento no processo laboral.

3.2.1. Do sincretismo no processo do trabalho

A questão do sincretismo no processo do trabalho, a par da peculiaridade de aspectos históricos e legislativos[40] distintos do processo civil, que poderiam desde logo construir segura e inquestionável tendência à negação da autonomia do conhecimento frente à execução, principalmente o mecanismo de promoção da execução de ofício[41] por parte do juízo monocrático ou Tribunal competente, não era, como de fato ainda não é, reconhecido por alguns doutrinadores do processo laboral.[42]

---

(37) Art. 475-I – O cumprimento da sentença far-se-á conforme os arts. 461 e 461-A desta Lei ou, tratando-se de obrigação por quantia certa, por execução, nos termos dos demais artigos deste Capítulo.

(38) Temos algumas restrições à expressão sincretismo, contudo, curvamo-nos à sua consagração doutrinária.

(39) Expressão utilizada por J. E. Carreira Alvim. A nova liquidação de sentença por cálculo do credor. In: *Revista Dialética de Direito Processual*, n. 39, jun. 2006. p. 72.

(40) Diz o parágrafo primeiro do art. 832 do texto consolidado o seguinte: "Quando a decisão concluir pela procedência do pedido, determinará o prazo e as condições para o seu cumprimento".

(41) Art. 878 – A execução poderá ser promovida por qualquer interessado ou *ex officio* pelo próprio Juiz ou Presidente ou Tribunal competente, nos termos do artigo anterior.

(42) Edilton Meireles e Leonardo Dias Borges, por exemplo, em obra recente acerca dos reflexos no processo do trabalho por conta da edição dos diplomas normativos em enfoque, ainda defendem, mesmo "após a edição da Lei n. 11.232/2005", a autonomia da execução trabalhista. In *A nova reforma processual e seu impacto no processo do trabalho*. São Paulo: LTr, 2006. p. 52. *Vide* dos mesmos autores: A nova execução cível e seus impactos no processo do trabalho. In: *Revista IOB (Trabalhista e Previdenciária)*. Ano XVII, n. 203, maio 2006. p. 18-27. No mesmo sentido: ZANGRANDO, Carlos Henrique da Silva. As inovações do processo civil e suas repercussões no processo do trabalho. In: *Revista LTr*, v. 70, n. 11, nov. 2006. p. 1293-1306.

Portanto, parte da doutrina processual laboral defende a autonomia do processo de execução trabalhista de título judicial, pois não se trata de "mero prosseguimento do processo que leva à formação do título executivo"[43], pois há a disposição de nova relação processual de cunho excutivo.

Outra parte da doutrina, capitaneada por *Manoel Antônio Teixeira Filho*, sustentava há muito a ausência de autonomia da execução laboral[44] de título executivo judicial, principalmente por conta da possibilidade, ainda hoje inexistente no processo civil (mesmo com todas as reformas realizadas), da execução de ofício pelos Juízos monocráticos e Tribunais do trabalho.

Os que defendem a autonomia entre a cognição e a execução de título executivo judicial apegam-se à interpretação literal, isolada e não sistemática[45] do art. 880 da CLT[46]. Este, ao contrário do § 1º do art. 475-J da Lei n. 11.232/2005[47] exige a citação pessoal do executado, logo, inviável falar-se em ausência de autonomia e sincretismo, pois a citação pessoal (art. 213 do CPC) significaria a instauração de novo procedimento, de uma novel relação jurídica, deflagrada com a citação formal do executado.

---

(43) *Vide*, dentre tantos: MALTA, Christovão Piragibe Tostes. *A execução no processo trabalhista*. São Paulo: LTr, 1996. p. 54.

(44) "Pensamos que a execução trabalhista, longe de ser autônoma, representa, em rigor, simples fase do processo de conhecimento que deu origem à sentença condenatória exequenda". TEIXEIRA FILHO, Manoel Antônio. *Execução no processo do trabalho*. 5. ed. São Paulo: LTr, 1995. p. 41. No mesmo sentido: GARCIA, Gustavo Filipe Barbosa. Lei n. 11.232/2005: Reforma da execução civil e direito processual do trabalho. In: *Revista IOB (Trabalhista e Previdenciária)*. Ano XVII, n. 203, maio. 2006. p. 7-17; MAIOR, Jorge Luiz Souto. Teoria geral da execução. In: NORRIS, Roberto (coord.). *Execução trabalhista: visão atual*. Rio de Janeiro: Forense, 2001. p. 33-38. Após as recentes reformas processuais, manifestaram, dentre outros, concordância à idéia da execução de sentença de quantia ser mera fase procedimental: MALLET, Estêvão. O processo do trabalho e as recentes modificações do Código do Processo Civil. In: *Revista LTr*, ano 70, n. 06, jun. 2006. p. 669; OLIVEIRA, Francisco Antônio de. *A execução na Justiça do Trabalho*. São Paulo: RT, 1988. p. 21; SCHIAVI, Mauro. *Op. cit.*, p. 693.

(45) "Interpreta-se sistematicamente um objeto parcial sem que se transforme a parte numa micrototalidade despótica e insulada, é dizer, sem desvinculá-la de abordagem intersubjetiva. Vai daí a inferência que, bem assimilada, altera profundamente o modo de enxergar e de praticar a mediação exegética: *interpretar uma norma é interpretar o sistema inteiro, pois qualquer exegese comete, direta ou obliquamente, uma aplicação da totalidade do Direito, para além de sua dimensão textual*" (grifo nosso). FREITAS, Juarez. *A interpretação sistemática do direito*. 4. ed. São Paulo: Malheiros, 2004. p. 74-5.

(46) "O Juiz ou Presidente do Tribunal, requerida a execução, mandará expedir *mandado de citação* ao executado, a fim de que cumpra a decisão ou o acordo no prazo, pelo modo e sob as cominações estabelecidas, ou, em se tratando de pagamento em dinheiro, incluídas as contribuições sociais devidas ao INSS, para que pague em 48 (quarenta e oito) horas, ou garanta a execução, sob pena de penhora" (destaque nosso).

(47) "Do auto de penhora e de avaliação será imediatamente *intimado* o executado, na pessoa do seu advogado (arts. 236 e 237), ou na falta deste, o seu representante legal, ou pessoalmente, por mandado ou pelo correio, podendo oferecer impugnação, querendo, no prazo de quinze dias" (destaque não consta na redação original).

Há pelo menos três argumentos que corroboram a afirmação de ausência de autonomia (logo, reconhecimento do sincretismo) entre a cognição e execução no processo do trabalho do título judicial, um deles de óbvia e direta compreensão. Vamos então começar pelo mais elementar.

Com efeito, a nova redação conferida ao parágrafo primeiro do art. 162, às cabeças dos art. 267 e 269, todos do CPC, ocasionou, como mencionado anteriormente, substancial alteração no conceito de sentença, pois, adotou-se genericamente o modelo do processo sincrético, considerando que a sentença de mérito não possui mais o condão de extinguir a ação e finalizar o ofício jurisdicional do órgão de primeiro grau[48], deixando de ser conceitualmente o ato derradeiro do procedimento.

Como a CLT "é completamente omissa quanto à classificação dos pronunciamentos judiciais"[49], tal novel sistemática, ainda que pela técnica da subsidiariedade clássica (omissão mais compatibilidade), "conduzem à utilização subsidiária"[50] desse regramento no processo laboral, logo, estaria caracterizado o fenômeno do sincretismo laboral[51].

Assim, sentença trabalhista é ato que implica em "algumas das situações previstas nos arts. 267 e 269 do CPC", não sendo mais "ato pelo qual o juiz põe termo ao processo".

O segundo argumento busca interpretar a expressão "citação" havida no art. 880 da CLT de maneira que não se criem situações processuais-fáticas esdrúxulas. Citar é dar notícia para alguém de demanda com o fito de se apresentar defesa. Na execução, obviamente, já se tem ciência dessa demanda por intermédio do desenrolar da fase de conhecimento; via de consequência, a palavra "citação" deve ser interpretada como mera intimação — incapaz de estabelecer nova relação processual. Basta lembrar hipóteses comuns na realidade laboral forense de devedores que firmam acordos para pagamento de determinada quantia em tantas vezes, e deixam de cumpri-lo. É preciso dar notícia[52], citando-o pessoalmente, ao agora executado, de fase executiva instaurada de ofício pela jurisdição? Óbvio que não!

---

(48) Pode-se excepcionar sentença de improcedência não atacada por recurso.

(49) BEBBER, Júlio César. *Cumprimento da sentença no processo do trabalho*. São Paulo: LTr, 2006. p. 23.

(50) BEBBER, Júlio César. *Op. cit.*, p. 24. Nesse mesmo sentido leciona Carlos Henrique Bezerra Leite "Como a CLT não define a sentença, impõe-se a aplicação subsidiária do CPC, tendo em vista a lacuna do texto obreiro e a perfeita compatibilidade do novel conceito de sentença do processo civil, tanto com as normas (gênero), quanto com os princípios e regras (espécies de normas), do processo do trabalho". Cumprimento espontâneo da sentença (Lei n. 11.232/2005) e suas repercussões no processo do trabalho. In: *Revista LTr*, ano 70, n. 09, set. 2006. p. 1042.

(51) Com o fito de afastar tal argumentação, José Augusto Rodrigues Pinto maneja raciocínio, *data maxima venia*, pouquíssimo convincente, vejamos: "O argumento é atraente, mas, *data venia*, absolutamente falso. Assim, nos parece porque o conceito e a definição dos institutos jurídicos não é função da lei, e sim da doutrina — e, doutrinariamente, sentença não é o que definiu o § 1º do art. 162, mas o que ensinam os compêndios de Direito Processual ...". A polêmica trabalhista em torno da Lei n. 11.232/2005 – fase de cumprimento das sentenças no processo de conhecimento. In: *Revista LTr*, ano 71, n. 11, nov. 2007. p. 1300.

(52) Em sentido semelhante argumentou Jorge Luiz Souto Maior, *verbis:* "Vale destacar, ainda, que diante da previsão da própria CLT de que a execução se realiza *ex officio*, para cumprimento do título

O terceiro e derradeiro argumento fulcra-se justamente na leitura constitucional à técnica da subsidiariedade no processo do trabalho, ou seja, se o reconhecimento da ausência de autonomia entre as fases cognitiva e executiva significar mais incremento à efetividade e à rápida solução da demanda, então tal posição deve ser privilegiada.

A execução laboral, destarte, quando fundada em título judicial (sentença condenatória de quantia) constitui-se mera fase (módulo) processual, desdobramento natural da fase cognitiva, ocasionando como consequência a desnecessária citação do executado. Basta a intimação, por intermédio de publicação em diário oficial ou carta munida de aviso de recebimento, dirigida ao advogado do executado, caso haja causídico constituído.

No que tange à problemática do endereçamento da intimação, destaca-se a existência de cizânia doutrinária deflagrada com a edição do *caput* do art. 475-J da Lei de Cumprimento da Sentença. Na ocasião formaram-se duas correntes. Uma sustentava a necessidade de a parte ser intimada pessoalmente para cumprir espontaneamente o julgado sem o acréscimo da multa legal[53], pois o ato processual relativo ao cumprimento espontâneo do julgado seria destinado, exclusivamente, à executada, motivo pelo qual deveria ser "intimada pessoalmente para sua prática".[54] Outra ratificava a mera intimação do advogado, caso houvesse algum constituído, por intermédio da publicação em diário oficial[55] ou envio de carta munida de aviso de recebimento.

Com a edição da Lei n. 11.382/2006, tratando do processo de execução de título extrajudicial, e aplicada à sistemática do cumprimento de títulos judiciais de maneira

---

executivo judicial, a determinação para que se realize *citação* do executado somente pode ser atribuída a um cochilo do legislador, pois que tal regra era incompatível com o procedimento que ele próprio criara. Veja-se, por exemplo, o absurdo de, por aplicação cega do art. 880, se determinar a citação pessoal do reclamado que descumpre acordo firmado em audiência. Citar é dar ciência quanto à existência de uma demanda judicial. Qual a razão de se dar ciência ao executado quanto à existência de uma dívida que ele próprio assumiu perante um juiz e nas condições que foram livremente fixadas". Reflexos das alterações do Código de Processo Civil no processo do trabalho. In: *Revista LTr*, ano 70, n. 08, ago. 2006. p. 922.

(53) A multa do art. 475-J ainda será objeto de maiores considerações ao longo do presente trabalho.

(54) JORGE, Flávio Cheim; DIDIER JÚNIOR, Fredie; RODRIGUES, Marcelo Abelha. *A terceira etapa da reforma processual civil*. São Paulo: Saraiva, 2006. p. 129. No mesmo sentido, dentre outros: CÂMARA, Alexandre Freitas. *A nova execução de sentença*. Rio de Janeiro: Lúmen Júris, 2006. p. 114.

(55) Tal posicionamento já restou confirmado em sede jurisprudencial, por mais de uma ocasião pelo STJ, senão vejamos: "Lei n. 11.232/2005. Art. 475-J, CPC. Cumprimento da Sentença. Multa. Termo Inicial. Intimação da Parte Vencida. Desnecessidade. 1. A intimação da sentença que condena ao pagamento de quantia certa consuma-se mediante publicação, por meios ordinários, a fim de que início o prazo recursal. Desnecessária a intimação pessoal do devedor. 2. Transitada em julgado a sentença condenatória, não é necessário que a parte vencida, pessoalmente ou por seu advogado, seja intimada para cumpri-la. 3. Cabe ao vencido cumprir espontaneamente a obrigação, em quinze dias, sob pena de ver sua dívida automaticamente acrescida de 10%.". Superior Tribunal de Justiça. 3ª Turma. REsp n. 954.859 (200701192252/RS, DJ 27.8.2007, p. 252).

subsidiária, nos termos do art. 475-R[56], formando verdadeira sistemática executiva integrada no processo civil, tal dissensão parece ter alcançado ponto final, pois o § 4º do art. 652 desse diploma legal, confirmando regra geral, dispõe expressamente que a intimação do executado "far-se-á na pessoa do seu advogado; não o tendo, será intimado pessoalmente"[57].

Considerando leitura constitucional aqui defendida da técnica da subsidiariedade no processo do trabalho, significando o aproveitamento em homenagem ao princípio constitucional da duração razoável do processo e eficácia da tutela jurisdicional, o amadurecimento acadêmico dessa discussão girando em torno do endereçamento do ato intimatório aplica-se perfeitamente na seara processual laboral, ou seja, a intimação deverá ser na pessoa do advogado, se houver; não o tendo, a intimação será dirigida ao executado por intermédio de carta munida de aviso de recebimento, inclusive com plena incidência do disposto na Súmula n. 16 do TST[58].

Finaliza-se salientando que a ausência de autonomia conforme posição aqui sustentada, e o consequente reconhecimento do fenômeno do sincretismo processual, como também até aqui defendido, não é argumento meramente cerebrino[59], pois acarreta benfazejas repercussões práticas, dentre outras:

1. Altera-se por consequência a natureza jurídica do provimento jurisdicional sentencial. O que era antes considerado como mera sentença condenatória de quantia[60], **passa a ser considerado provimento executivo *lato sensu*[61]**, este

---

(56) "Aplicam-se, subsidiariamente ao cumprimento da sentença, no que couber, as normas que regem o processo de execução de título extrajudicial".

(57) Acerca do § 4º do art. 652 ensina Cassio Scarpinella Bueno: "O dispositivo, de resto, tem o mérito de colocar um ponto final na questão relativa a saber quem deve ser intimado para pagamento em 15 dias a que se refere o *caput* do art. 475-J. Por força do que dispõe o art. 475-R, a resposta só pode ser a de que a intimação deve ser dirigida ao advogado, a não ser que, por qualquer motivo, o executado não esteja representado por um". In *A nova etapa da reforma do Código de Processo Civil*. v. 3. São Paulo: Saraiva, 2007. p. 96.

(58) "Presume-se recebida a notificação 48 (quarenta e oito) horas depois de sua postagem. O seu não-recebimento ou a entrega após o decurso desse prazo constituem ônus de prova do destinatário."

(59) Consoante já sustentado em trabalho anterior. COSTA, Marcelo Freire Sampaio. *Reflexos da reforma do CPC no processo do trabalho*. São Paulo: Método, 2007.

(60) "Desse modo, se a sentença de mérito não mais tem como efeito a extinção do processo (CPC, art. 269), inegável a conclusão de que também no processo do trabalho foi instalado o modelo do processo sincrético para obrigações de pagar". BEBBER, Júlio César. *Cumprimento da sentença no processo do trabalho*. São Paulo: LTr, 2006. p. 24.

(61) Admite-se a classificação quinária de ações e sentenças, via de consequência, a autonomia dos provimentos mandamentais e executivos *lato sensu*. Sobre o assunto já se posicionou João Batista Lopes: "A diferença ontológica entre mandamentalidade e executividade está em que, na primeira, a tutela se traduz e se exaure na ordem ou mandado cujo cumprimento depende apenas da vontade do réu, na segunda, exige prática de atos coativos por auxiliares da Justiça. Na tutela mandamental, o descumprimento sujeita o réu às sanções legais (multa, desobediência, etc.), enquanto na executiva impõe sequência de atos até se alcançar a satisfação plena do exequente". In: *Tutela antecipada no processo civil brasileiro*. São Paulo. Saraiva, 2001. p. 120.

distinto daquela porque não limitado à mera declaração do direito, estendendo os efeitos à prática dos atos necessários à satisfação plena do crédito, pela determinação de "medidas necessárias para o atingimento da tutela específica ou do resultado prático equivalente ao do adimplemento da obrigação"[62].

2. Haverá plena incidência da multa prevista no art. 475-J no processo do trabalho.

3. A possibilidade da incidência da multa do art. 475-J - inclusive em sede de execução provisória trabalhista, conforme será defendido ao longo do presente trabalho.

A multa do art. 475-J será objeto de desenvolvimento no próximo item.

3.3. Da multa do art. 475-J

O art. 475-J fixou multa no percentual de 10%, acrescido ao montante originário da condenação (sentença de quantia), caso o devedor não efetue o cumprimento do julgado.

Tal regramento, estando a decisão devidamente liquidada, impõe "medida executiva coercitiva *ope legis*",[63] de caráter punitivo[64], caso não haja adimplemento espontâneo no prazo de quinze dias, *independentemente de requerimento do interessado*, fixa e de incidência única[65], portanto, não passará de 10% se for paga, por exemplo, após quarenta e cinco dias. "A multa é uma sanção contra o não-pagamento imposto na condenação ou reconhecido na liquidação, e apenas incide se e quando o devedor não cumprir a obrigação no referido prazo"[66].

O pagamento parcial do total da dívida, no prazo já citado, acarretará a incidência da multa no restante do quinhão não satisfeito (parágrafo quarto do art. 475-J).

Portanto, como já salientado em momento anterior, o devedor deverá ser intimado, por intermédio de advogado constituído nos autos — caso haja, pelas vias ordinárias de publicação em diário oficial. Se não houver, bastará a parte ser cientificada por carta acompanhada de aviso de recebimento (AR).

---

(62) NETTO, Nelson Rodrigues. *Tutela jurisdicional específica: mandamental e executiva* lato sensu. Rio de Janeiro: Forense, 2002. p. 39.

(63) WAMBIER, Luiz Rodrigues; WAMBIER, Teresa Arruda Alvim; MEDINA, José Miguel Garcia. *Breves comentários à nova sistemática processual civil*. N. 2. São Paulo: RT, 2006. p. 143.

(64) "A multa tem, assim, dupla finalidade: servir como *contramotivo* para o inadimplemento (coerção) e punir o inadimplemento (sanção)". DIDIER Júnior, Fredie; BRAGA, Paula Sarno; OLIVEIRA, Rafael. *Op. cit.*, p. 450.

(65) BUENO, Cassio Scarpinella. *A nova etapa da reforma do Código de Processo Civil*. v. 1. São Paulo: Saraiva, 2006. p. 81.

(66) ABELHA, Marcelo. *Manual de execução civil*. 2. ed. Rio de Janeiro: Forense Universitária, 2007. p. 310.

O lapso temporal havido entre o momento da exigência do *quantum debeatur* até o espontâneo cumprimento da decisão, de quinze dias, deve ser reconhecido como momento "anterior ao requerimento de início da execução",[67] e, ainda, anterior ao próprio módulo executivo, *stricto sensu*, pois relativo ainda ao (fase de) cumprimento espontâneo da obrigação de pagar, prescindindo-se, portanto, da deflagração de qualquer providência jurisdicional substitutiva da vontade do devedor, característica dos atos executivos propriamente ditos.

O inadimplemento do devedor, um dos pressupostos para o início da atividade executiva, surge após o prazo legal criado para cumprimento voluntário do julgado. A pretensão executiva propriamente dita, portanto, exsurge após esse citado inadimplemento, momento em que será apresentado requerimento (segunda parte do art. 475-J) para que os citados atos executivos-expropriatórios (penhora, avaliação, adjudicação, arrematação e etc.) sejam iniciados.

Esse posicionamento do cumprimento voluntário como fase imediatamente anterior à deflagração da fase executiva, conforme será apresentado posteriormente terá grande valia para compreender a incidência desse regramento no processo do trabalho.

3.3.1. Incidência no processo do trabalho

Resta responder a candente questão hodierna, tão discutida na seara acadêmica e nos Tribunais trabalhistas pátrios, acerca da possível compatibilidade da aplicação da multa do art. 475-J no processo do trabalho.

Antes de enfrentar esse desafio, importante destacar novamente a importância da compreensão da existência de uma fase satisfativa espontânea do julgado, anterior à deflagração dos atos de transferência de patrimônio, em que é permitido o cumprimento espontâneo do julgado sem a incidência do *plus* de 10% relativo à imposição de multa processual *ope legis*. Essa fase está em plena consonância com o modelo processual sincrético - apresentado anteriormente, a efetividade, o *modelo constitucional de processo* e a razoável duração da litispendência[68].

---

(67) Marcelo Abelha Rodrigues, *in* JORGE, Flávio Cheim; DIDIER JÚNIOR, Fredie; RODRIGUES, Marcelo Abelha. *Op. cit.*, p. 132.

(68) Há interessante artigo por Ney Stany Morais Maranhão em que, após defender incidência do art. 475-J no processo do trabalho, relata o seguinte precedente de celeridade ocorrido no Tribunal do Trabalho da 8ª Região: "Basta citar, *v. g.*, o ocorrido nos autos do processo 738-2007-005-08-00-0, que logrou uma das tramitações mais céleres do TRT da 8ª Região: entre a data da autuação, instrução, prolação da sentença — proferida em audiência e com planilha de cálculos anexa — e cumprimento efetivo do comando sentencial, decorreram tão somente incríveis 19 (dezenove) dias". In: *Revista LTr*, ano 71, n. 10, out. 2007. p. 1189.

Voltando à incidência da multa em destaque no processo do trabalho, ressalte-se que a doutrina bifurcou-se. Parte admite a plena compatibilidade da multa do art. 475-J no processo do trabalho[69]; outra a refuta com veemência[70].

A fase de satisfação voluntária no processo do trabalho inicia-se exatamente com a publicação de sentença liquidada (art. 852 da CLT[71]), ou após intimação do executado dessa decisão liquidada, observada a sistemática do regramento do art. 879 do texto consolidado.

A jurisprudência dos Tribunais regionais também vem adotando posições distintas quanto à incidência da multa do art. 475-J no processo do trabalho, ora objurgando, ora acolhendo-a, senão vejamos:

> "MULTA PROCESSUAL PREVISTA NO ARTIGO 475-J DO CPC — INAPLICABI-LIDADE AO PROCESSO DO TRABALHO. As inovações verificadas no processo civil objetivam simplificar e acelerar os atos destinados à efetiva satisfação do direito reconhecido por sentença. Contudo, tais modificações não se aplicam inteiramente à esfera trabalhista, especificamente a multa do art. 475-J, § 4º, do CPC, uma vez que a CLT possui disposição específica sobre os efeitos do descumprimento da ordem de pagamento, qual seja, o direito à nomeação de bens previsto no artigo 882 consolidado. Diante da existência de regramento próprio no processo do trabalho para que o devedor seja compelido ao efetivo cumprimento das sentenças proferidas, não há se falar em aplicação supletiva de outra norma, cabível apenas se omissa fosse a legislação específica do trabalho e, ainda assim, se não existisse qualquer incompatibilidade."[72]

> "... MULTA ARTIGO 475-J DO CPC. A multa prevista no art. 475-J do CPC, com redação dada pela Lei n. 11.232/05, aplica-se ao Processo do Trabalho, pois a execução

---

(69) PELA COMPATIBILIDADE, dentre outros: BEBBER, Júlio César. *Cumprimento da sentença no processo do trabalho*. São Paulo: LTr, 2006. p. 72; CHAVES, Luciano Athayde. *A recente reforma no processo comum. Reflexos no direito judiciário do trabalho*. São Paulo: LTr, 2006. p. 54; FILHO, Hélio Estellita Herkenhoff. *Reformas no Código de Processo Civil e implicações no processo trabalhista*. Rio de Janeiro: Lumen Juris, 2007. p. 140; GENEHR, Fabiana Pacheco. A aplicação da multa do art. 475-J do CPC e seus reflexos no processo do trabalho — uma análise principiológica. In: *Revista LTr*, ano 72, n. 04, abr. 2008. p. 451-457; GUSMÃO, Bráulio Gabriel. Reforma da execução civil – Lei n. 11.232/2005 e sua repercussão no direito processual do trabalho — efeitos práticos. In: *Revista LTr*, ano 72, n. 01, jan. 2008. p. 62-64; LEITE, Carlos Henrique Bezerra. *Curso de direito processual do trabalho*. 5. ed. São Paulo: LTr, 2007. p. 882; RIBEIRO, Rosires Rodrigues de Almeida Amado. A (ina)plicablidade da multa do art. 475-J do CPC na execução trabalhista. In: SANTOS, José Aparecido dos (coord.). *Execução trabalhista*: homenagem aos 30 anos da AMATRA IX. São Paulo: LTr, 2008. p. 143-156; SCHIAVI, Mauro. Novas reflexões sobre a aplicação do art. 475-J do CPC ao processo do trabalho à luz da recente jurisprudência do TST. In: *Revista LTr*, ano 72, n. 03, mar. 2008. p. 271-276.

(70) *Vide*, dentre outros: PINTO, José Augusto Rodrigues. *Op. cit.*, p. 1300; TEIXEIRA FILHO, Manoel Antônio. O cumprimento da sentença no processo do trabalho. In: SANTOS, José Aparecido dos (coord.). *Execução trabalhista: homenagem aos 30 anos da AMATRA IX*. São Paulo: LTr, 2008. p. 43-62.

(71) "Da decisão serão os litigantes notificados, pessoalmente, ou por seu representante, na própria audiência. No caso de revelia, a notificação far-se-á pela forma estabelecida no § 1º do art. 841."

(72) Tribunal Regional do Trabalho da 3ª Região. Proc. RO – 00920-2007-058-03-00-3. Oitava Turma. DJMG 30.1.2008, p. 31.

trabalhista é omissa quanto a multas e a compatibilidade de sua inserção é plena, atuando como mecanismo compensador de atualização do débito alimentar, notoriamente corrigido por mecanismos insuficientes e com taxa de juros bem menor do que a praticada no mercado. A oneração da parte em execução de sentença, sábia e oportunamente introduzida pelo legislador através da Lei n. 11.232/05, visa evitar arguições inúteis e protelações desnecessárias, valendo como meio de concretização da promessa constitucional do art. 5º, LXXVIII pelo qual "A todos, no âmbito judicial e administrativo, são assegurados o tempo razoável do processo e os meios que garantam a celeridade de sua tramitação." Se o legislador houve por bem cominar multa aos créditos cíveis, com muito mais razão se deve aplicá-la aos créditos alimentares, dos quais o cidadão-trabalhador depende para ter existência digna e compatível com as exigências da vida. A Constituição brasileira considerou o trabalho fundamento da República — art.1, IV e da ordem econômica — art.170. Elevou-o ainda a primado da ordem social — art. 193. Tais valores devem ser trazidos para a vida concreta, através de medidas objetivas que tornem realidade a mensagem ética de dignificação do trabalho, quando presente nas relações jurídicas."[73]

"MULTA DO ART. 475-J, DO CPC. APLICABILIDADE NO PROCESSO DO TRABALHO. Porque coerente com os princípios que vigoram no direito processual do trabalho e ainda, em face da omissão legislativa constatada na CLT, é perfeitamente aplicável à execução trabalhista a multa de 10% capitulada no caput do art. 475-J do CPC, especialmente, porque estimula a celeridade e a efetividade da tutela jurisdicional, com a satisfação do crédito de natureza alimentar. Somente fica isento da multa o devedor que paga espontaneamente a condenação, no prazo de 15 (quinze) dias, dando ensejo ao encerramento do processo; em outras palavras, aquele que deposita o valor da condenação mas interpõe incidente processual, provoca a procrastinação do feito e, por isso, não fica exonerado da multa legal."[74]

"... ART. 475-J, § 1º DO CPC. APLICAÇÃO NA SEARA PROCESSUAL LABORAL. Na esteira da doutrina mais abalizada, aplica-se na seara processual trabalhista o disposto no art. 475-J, § 1º do CPC, acrescentado pela Lei n. 11.232/2005, porquanto tal dispositivo vai ao encontro dos princípios norteadores do Processo do Trabalho, celeridade e simplicidade, bem como porque não há qualquer incompatibilidade entre tal norma e aquelas pertencentes à CLT. DENUNCIAÇÃO DA LIDE — Não há como ser deferida a denunciação da lide formulada em sede de execução, conforme pretende a Agravante, tendo em vista que os trâmites dispostos nos arts. 70 e seguintes do CPC, aplicados subsidiariamente (art. 769 da CLT), são totalmente incompatíveis com essa fase processual."[75]

"APLICAÇÃO DAS NOVAS REGRAS PROCESSUAIS CIVIS — MULTA DO ART. 475-J, DO CPC — POSSIBILIDADE — A par da previsão contida no art. 769 da CLT, a utilização das novas regras processuais civis vai ao encontro da diretriz que norteia o processo trabalhista, qual seja, a busca da efetividade do provimento jurisdicional, por se tratar de créditos de natureza alimentar, indispensáveis à sobrevivência daqueles que forneceram a sua força de trabalho e que não receberam a contraprestação

---

(73) Tribunal Regional do Trabalho da 3ª Região. Proc. APPS – 00592-2005-036-03-00-6. Quarta Tuma. DJMG 1.12.2007, p. 17.

(74) Tribunal Regional do Trabalho da 23ª Região. Proc. 00186-2004-003-23-00. DJ/MT 31.1.2008.

(75) Tribunal Regional do Trabalho da 23ª Região. Proc. 00357-2003-001-23-00. DJ/MT 30.11.2007.

pecuniária garantida por lei. Ademais, empresta concretude ao dispositivo constitucional que prescreve "a todos, no âmbito judicial e administrativo, são assegurados a razoável duração do processo e os meios que garantam a celeridade de sua tramitação" (art. 5º, inciso LXXVIII, da CF). O emprego das novas regras processuais que regem a execução civil não representa qualquer afronta à legislação trabalhista, sendo, portanto, plenamente aplicável o disposto no art. 475-J do CPC, que comina multa ao devedor recalcitrante."[76]

Deve-se fazer registro especial acerca da aprovação de orientação jurisprudencial (OJ n. 203) pela Seção Especializada do TRT da 9ª Região (Paraná), assim vazada:

> "A multa do art. 475-J do CPC é aplicável ao processo do trabalho, nos termos dos arts. 769 e 889 da CLT, observados os seguintes parâmetros: I – a multa incidirá no prazo de 15 dias, contados da data da intimação do trânsito em julgado da sentença, quando líquida (art. 852 da CLT), ou da data da intimação da decisão de liquidação; II – transcorrido prazo sem pagamento, proceder-se-á a citação do réu para que, em 48 horas, pague o valor da condenação já acrescido da multa de 10% ou nomeie bens à penhora, nos termos do art. 880 da CLT; III – o pagamento parcial na prazo fará incidir apenas sobre o restante do valor da condenação; IV – a citação para pagamento ou nomeação de bens prescinde do requerimento do credor, sendo inaplicável a segunda parte do *caput* do art. 475-J; V – não é necessária a intimação pessoal do devedor para incidência da multa; VI – a multa é inaplicável na execução provisória, bem como na hipótese de execução contra a Fazenda Pública."

Os argumentos que ratificam a utilização dessa ferramenta podem ser simplificados da seguinte maneira:

i) a imposição da multa é plenamente compatível com os aspectos principiológicos, ressaltados anteriormente, relacionados à busca da efetividade da atividade jurisdicional e duração razoável do processo;

ii) a sistemática do sincretismo, partindo-se do novo conceito de sentença decorrente das alterações já citadas em momento anterior são plenamente compatíveis com o processo do trabalho;

iii) é possível compatibilizar essa multa até com a idéia clássica da técnica da subsidiariedade, desde que se considere a fase de cumprimento espontâneo do julgado momento imediatamente anterior ao disposto no art. 880 da CLT;

iv) necessário criar-se "cultura do cumprimento espontâneo da sentença pelo devedor de obrigação líquida"[77], em outros termos, infundir respeito necessário às decisões exaradas em sede de primeiro grau de jurisdição.

Os argumentos que afastam a incidência do art. 475-J do CPC no processo do trabalho também podem resumidos da seguinte maneira:

i) o prazo para cumprimento do julgado de 15 dias não traria nenhum benefício à efetividade do processo do trabalho, considerando lapso temporal menor

---

(76) Tribunal Regional do Trabalho da 3ª Região. Proc. RO 00745-2007-058-03-00-4. DJMG 1.11.2007, p. 14.

(77) LEITE, Carlos Henrique Bezerra. *Op. cit.*, p. 883.

havido no art. 880 da CLT, de 48 horas, para pagamento ou nomeação de bens à penhora;

ii) ausência de omissão no regramento celetista, o que impossibilitaria o aproveitamento desse instrumento no processo laboral[78];

iii) a fixação de penalidade não pertinente ao processo do trabalho violaria o princípio constitucional do devido processo legal (art. 5º, LIV).

Todos esses três enredos contrários foram utilizados pelo Tribunal Superior do Trabalho, em duas ocasiões distintas, precedentes das 3ª e 6ª Turmas, para afastar a incidência da multa em apreço, senão vejamos:

> "I – Agravo de Instrumento. Execução. Inaplicabilidade do art. 475-J do CPC ao processo do trabalho. Ante a possível violação ao art. 5º, inc. LIV, da Constituição da República, dá-se provimento ao agravo de instrumento para determinar o processamento do apelo denegado. II- Recurso de Revista. Execução. Inaplicabilidade do art. 475-J do CPC ao processo do trabalho. 1. Segundo a unânime doutrina e jurisprudência, são dois os requisitos para a aplicação da norma processual comum ao processo do trabalho: i) ausência de disposição da CLT a exigir o esforço de integração da norma pelo intérprete; ii) compatibilidade da norma supletiva com os princípios do processo do trabalho. 2. A ausência não se confunde com a diversidade de tratamento: enquanto na primeira não é identificável qualquer efeito jurídico a certo fato a autorizar a integração do direito pela norma supletiva, na segunda se verifica que um mesmo fato gera distintos efeitos jurídicos, independentemente da extensão conferida à eficácia. 3. O fato juridicizado pelo art. 475-J do CPC, não pagamento espontâneo da quantia certa advinda de condenação judicial, possui disciplina própria no âmbito do processo do trabalho (art. 883 da CLT), não havendo falar em aplicação da norma processual comum ao processo do trabalho. 4. A fixação de penalidade não pertinente ao processo do trabalho importa em ofensa ao princípio do devido processo legal, nos termos do art. 5º, inciso LIV, da Constituição da República. Recurso de Revista conhecido e provido."[79]

> "A aplicação, no processo do trabalho, da norma inscrita no art. 475 (sic) do Código de Processo Civil, que determina multa de 10% a quem não pagar dívida no prazo de quinze dias, levanta uma questão nova para análise no Tribunal Superior do Trabalho.

---

(78) Nesse sentido posicionou-se enfaticamente Manoel Antônio Teixeira Filho: "Deste modo, a aplicação do *caput* e do § 1º, do art. 475-J, do CPC, em substituição ao processo de execução, regulado pela CLT, como vem ocorrendo, implica, a um só tempo: a) a indisfarçável transgressão ao art. 769 da CLT, que antepôs omissão à compatibilidade, como requisito para adoção de norma do processo civil pelo do trabalho. A propósito, o que o legislador cogitou, realmente, foi de uma adoção em caráter *supletivo e ocasional* — e que se tem pretendido, com a aplicação do *caput* e do parágrafo primeiro do art. 475-J, é, na verdade, a *substituição* definitiva do *sistema* trabalhista dos *embargos à execução* pelo sistema da *impugnação* ao título judicial, inserido no CPC pela Lei n. 11.232/2005 — o que é, legalmente, inaceitável, sob pena de grave e espantoso malferimento dos princípios ...". Processo do trabalho — embargos à execução ou impugnação à sentença? (a propósito do art. 475-J do CPC). In: *Revista LTr*, ano 70, n. 10, out. 2006. p. 1180.

(79) Tribunal Superior do Trabalho. 3ª Turma. Proc. RR 765/2003-008-13-41. Rel. Ministra Maria Cristina Irigoyen Peduzzi. DJ. 22.8.2008.

Os ministros da Sexta Turma entenderam não ser compatível aquela regra do processo civil com a norma trabalhista, pois enquanto a multa do CPC estabelece prazo de quinze dias para pagamento, o art. 880 da CLT determina a execução em 48 horas, sob pena de penhora, não de multa. A decisão da Sexta Turma foi no sentido de que a determinação de incidência da multa em processo trabalhista viola o art. 889 da CLT (técnica da subsidiariedade particular da fase executiva), que determina explicitamente a aplicação do processo dos executivos fiscais aos trâmites e incidentes do processo de execução. A aplicação do CPC, de acordo com o art. 769 da CLT, é subsidiária: apenas é possível quando houver omissão da CLT. Segundo o ministro Aloysio Corrêa da Veiga, relator do recurso de revista, a desconsideração da regra do art. 880 da CLT criaria verdadeira confusão processual, não só em relação ao prazo para cumprimento da obrigação mais dilatado no processo civil, como também em relação à penhora. E analisa: o julgador deveria cindir a norma legal para utilizar o prazo de 48 horas, menor da CLT, com a multa disciplinada no CPC, ou aplicar prazo do CPC, maior que o da CLT, com a multa e a penhora."[80]

A par do respeito devido a qualquer decisão judicial, desde o primeiro grau de jurisdição até a mais alta Corte desse país, os argumentos pautados pelo TST, que espelham o resumo feito anteriormente acerca da corrente contrária à incidência da novel multa do processo civil no laboral, merecem a devida refutação.

Far-se-á o confronto, de maneira individualizada e para facilitar a compreensão do leitor, dos argumentos utilizados nos decisórios citados anteriores, imediatamente seguidas das necessárias refutações, a começar por aqueles ainda não esposados no presente.

a) Multa violada do devido processo legal

As decisões do TST mencionam possível violação ao princípio do devido processo legal, por se tratar de penalidade "não pertinente ao processo do trabalho". Sem consistência jurídica.

Basta ver a utilização histórica de outras penalidades, também "não pertinentes" ao processo do trabalho, pela jurisprudência laboral, que, inclusive, podem ser cumuladas, como a multa pela litigância de má-fé (arts. 14 e 17 do CPC)[81], ato

---

(80) Notícias do TST. Disponível em: <www.tst.gov.br> Acesso em: 16 maio 2008.

(81) Dentre tantos julgados versando sobre imposição de multa em razão da imputação da pecha de litigância de má-fé, vide: "AGRAVO DE INSTRUMENTO. RECURSO DE REVISTA — DESCABIMENTO. VÍNCULO DE EMPREGO — UNICIDADE CONTRATUAL — ÔNUS DA PROVA. PROMOÇÕES NÃO CONCEDIDAS PRESCRIÇÃO. DIFERENÇAS SALARIAS. PROMOMOÇÕES POR ANTIGUIDADE. ÔNUS DA PROVA. MULTA POR LITIGÂNCIA DE MÁ-FÉ. Não merece ser provido o agravo de instrumento em que não se consegue infirmar os fundamentos do despacho denegatório do processamento do recurso de revista. Agravo de instrumento conhecido e desprovido". Tribunal Superior do Trabalho. 3ª Turma. AIRR – 876/2003-702-04-40. Rel. Min. Alberto Luiz Bresciani de Fontan Pereira, DJ 1.8.2008. (grifo nosso)

atentatório à dignidade da justiça — *contempt of court* (art. 600 do CPC)[82] e multa em decorrência da pecha de embargos meramente protelatórios[83].

Em qualquer dessas penalidades, típicas do processo civil e historicamente aplicadas pelos Tribunais trabalhistas, inclusive pelo TST, utilizou-se desse argumento manejado para afastar a incidência da multa do art. 475-J, isto é, possível violação ao princípio do devido processo legal.

b) Tumulto processual e suposto prazo mais dilargado do art. 475-J. Falta de efetividade

Outra razão de decidir do TST foi a possível ausência de efetividade da multa do processo civil no processo do trabalho, considerando que o prazo trabalhista, de 48 horas, para pagamento ou nomeação de bens à penhora é bem menor do que aquele previsto no art. 475-J (de quinze dias)[84], o que acabaria por causar tumulto processual e falta de efetividade, como dito.

Também sem razão! A incidência dessa multa do processo do trabalho significa a instauração de uma fase prévia, começando a partir da prolação de sentença liquidada, visando ao cumprimento voluntário do julgado. Logo, em momento processual imediatamente anterior em relação à deflagração dos atos executivos propriamente ditos, substitutivos da vontade do devedor, e aptos a realizar transferência patrimonial coativa.

Dessa feita, a pretensão executiva propriamente dita exsurge após o inadimplemento voluntário do devedor. Isto significa que os atos executivos-expropriatórios

---

(82) "AGRAVO DE INSTRUMENTO. RECURSO DE REVISTA. PROCESSO EM FASE DE EXECUÇÃO. MULTA. LITIGÂNCIA DE MÁ-FÉ. Decisão regional em que se condenou a Reclamada ao pagamento da multa de 1% (um por cento) e da indenização de 20% (vinte por cento), por litigância de má-fé, e da indenização de 20% (vinte por cento) sobre o valor do débito em execução, por ato atentatório à dignidade da justiça. Questões dirimidas com base na legislação infraconstitucional a elas pertinente. Ofensa direta a dispositivos da Constituição Federal não demonstrada. Agravo de instrumento a que se nega provimento". Tribunal Superior do Trabalho. 4ª Turma. PROC: AIRR - 2503/2003-906-06-40, DJ 1.8.2008. (grifo nosso)

(83) RECURSO DE REVISTA. NEGATIVA DE PRESTAÇÃO JURISDICIONAL. O conhecimento do recurso de revista ou de embargos, quanto à preliminar de nulidade por negativa de prestação jurisdicional, supõe indicação de violação do art. 832 da CLT, do art. 458 do CPC ou do art. 93, IX, da CF/1988. (OJ da SBDI-1 do TST n. 115). Recurso de revista não conhecido. MULTA POR INTERPOSIÇÃO DE EMBARGOS PROTELATÓRIOS. Não demonstrada a existência de teses diversas na interpretação de um mesmo dispositivo legal, não há como se determinar o seguimento do recurso de revista com fundamento na letra *"a"* do art. 896 da Consolidação das Leis do Trabalho. Recurso de revista não conhecido". Tribunal Superior do Trabalho. 2ª Turma. Proc. RR 158365/2005-900-11-00. Min. Relator Renato de Lacerda Paiva, DJ - 25.5.2007. (grifo nosso)

(84) Júlio César Bebber sustenta que o lapso temporal para cumprimento voluntário do julgado seria de 8 dias, "que o prazo destinado aos recursos no processo do trabalho (Lei n. 5.584/1970, arts. 1º e 6º)". In: *Cumprimento da sentença no processo do trabalho*. São Paulo: LTr, 2006. p. 72.

(penhora, arrematação, remoção de bens etc.), repita-se, substitutivos da vontade da parte recalcitrante, têm início após o exaurimento dessa fase.

c) Subsidiariedade clássica no processo do trabalho

Inegável que o grande argumento utilizado para afastar a incidência da multa do art. 475-J no processo do trabalho finca raízes na (já aqui chamada no primeiro capítulo) leitura clássica da técnica da subsidiariedade.

Significa dizer que prevalece a apreciação dos requisitos da omissão e posterior compatibilidade da norma processual comum a ser aplicado no processo laboral (requisitos: omissão + compatibilidade da normativa trabalhista), conforme leitura literal do art. 769 do texto consolidado.

Como visto anteriormente (remete-se o leitor às considerações construídas no segundo capítulo), a técnica da subsidiariedade clássica não consegue dar mais conta das exigências atuais de celeridade e efetividade da tutela jurisdicional.

O citado art. 769 da CLT merece ser lido em consonância com o modelo principiológico constitucional hodierno, compreendendo-se a técnica processual como instrumento de efetividade, celeridade e entrega da tutela jurisdicional observando-se a razoável duração do processo e a efetividade desse instrumento a serviço do direito material.

O aproveitamento dos eflúvios das recentes alterações do processo civil no processo do trabalho, sendo a multa do art. 475-J um exemplo palmar, também significa a necessidade de se mudar a postura (um tanto arrogante!, diga-se com sinceridade) daqueles processualistas laborais clássicos que têm o texto celetista como algo sagrado e imune a influências de outras searas do ramo processual, reconhecendo-se afinal uma obviedade ainda não vislumbrada por alguns: o processo laboral parou no túnel da história. Mais do que nunca merece ser compreendido como um sistema, cujo ápice encontra-se localizado no texto constitucional, daí porque deve ser moldado à semelhança dessa Lei Maior, mesmo que para isso necessite abeberar-se dos institutos, constitucionais ou infraconstitucionais, do processo civil.

3.4. Sistemáticas distintas. Execução em sentença de quantia e execução específica

Sendo o processo instrumento a serviço do direito substancial, necessariamente deverá ser aparelhado conforme o tipo de direito material em conflito.

De acordo com a sistemática das leis executivas alterantes do modelo anterior (Leis ns.11.232/2005 e 11.382/2006), possível apresentar três modalidades procedimentais de tutela executiva no processo civil.

A primeira trata do procedimento executivo sincrético, ou cumprimento de sentença, isto é, como fase posterior da cognição. Nos termos do art. 475-I[85], subdivide-se em "procedimento executivo de tutela específica que segue o rito dos arts. 461 e 461-A"[86] e "procedimento executivo para pagamento de quantia que segue o rito dos arts. 475-I e segs."[87].

A segunda é prestada por intermédio do processo executivo autônomo, aparelhado por título executivo extrajudicial, também subdividido em: i) procedimento executivo de tutela específica de obrigações de fazer, não fazer (art. 632 e segs.) e entregar coisa (art. 621 e segs.); ii) procedimento executivo para pagamento de quantia (art. 646 e segs.); iii) procedimento executivo albergando tutelas específicas e obrigação de pagar quantia.

A terceira compõe-se das chamadas execuções de ritos diferenciados, ou, simplesmente, execuções especiais, tais como execução por quantia certa para pagamento de verba alimentícia, execução de quantia certa em desfavor da Fazenda Pública e execução por quantia certa contra devedor insolvente, regradas no Livro II do CPC, mantendo praticamente incólumes as especificidades previstas em seus procedimentos.

3.4.1. *Execução em sentença de tutela específica no processo do trabalho*

Começando pelas tutelas específicas (arts. 461 e 461-A), ressalte-se a aplicação por subsidiariedade, sem indagações maiores, no processo do trabalho, dessa novel sistemática da legislação processual civil, ou seja, execução sem intervalo[88] de tutela específica genérica, nos termos do disposto no art. 475-I. A efetivação sem intervalo e de ofício do comando sentencial decorre justamente dos efeitos dele emanados.

Há exemplos de tutelas específicas plasmadas ainda na CLT, portanto várias décadas anteriores em relação às alterações do processo civil introduzidas por intermédio da Lei n. 8.952/1994 no art. 461, que, por sua vez, parece ter inspiração imediata no art. 84 do Código de Defesa do Consumidor. A reintegração liminar de dirigente sindical "afastado, suspenso ou dispensado pelo empregador" (art. 659, X, da CLT). A possibilidade da própria secretaria da Vara do Trabalho (art. 39, § 1º) firmar

---

(85) Art. 475-I. O cumprimento da sentença far-se-á conforme os arts. 461 e 461-A desta Lei ou, tratando-se de obrigação por quantia certa, por execução, nos termos dos demais artigos deste Capítulo.
(86) ABELHA, Marcelo. *Manual de execução civil.* 2. ed. São Paulo: Forense Universitária, 2007. p. 27.
(87) *Ibidem.*
(88) Cf. MEIRELES, Edilton; BORGES, Leonardo Dias. *A nova reforma processual e seu impacto no processo do trabalho.* São Paulo: LTr, 2006. p. 53.

as devidas anotações da carteira de trabalho do reclamante[89]. Em caso de pedido do empregado para ser "desobrigado a prestar horas extras quando ilegalmente exigíveis"[90], bastará a mera expedição de mandado que assegure o descumprimento dessa exigência ilegal.

Existe ainda o paradigma de tutelas específicas previstas às ações civis públicas, de ampla ocorrência na Justiça do Trabalho, conforme dispõe o art. 3º da Lei n. 7.347/1985[91].

Os exemplos citados de tutela específica deverão ser implementados, liminarmente ou não, por intermédio de tutela definitiva ou provisória (esta objeto de melhor desenvolvimento posteriormente), como dito, de imediato, com o auxílio das medidas de apoio dispostas no § 5º do art. 461 e § 2º do 461-A do CPC, além de outras necessárias à efetivação da tutela específica ou obtenção do resultado prático equivalente.

Isto significa que para o cumprimento por efetivação das tutelas específicas o Juízo determinará a "realização de providências que assegurem o resultado prático equivalente ao do adimplemento" voluntário pelo devedor, por intermédio da imposição de medidas coercitivas típicas dispostas no § 5º do art. 461 (multa por atraso, busca e apreensão, remoção de pessoas e coisas e etc.) ou atípicas, isto é, qualquer outra entendida pela jurisdição como apta a assegurar resultado fático equivalente ao adimplemento (art. 461, *caput*).

A tutela específica genérica[92] (assim chamada porque a CLT prevê nominalmente hipóteses de tutelas específicas) prevista nos arts. 461 e 461-A do CPC, assim entendida como aquela que "proporciona ao sujeito o próprio bem a que tinha direito"[93], tem "especial aplicação no âmbito laboral"[94], pois os direitos materiais debatidos envolvem a própria sobrevivência de quem os pleiteia.

---

(89) "ANOTAÇÕES NA CTPS DOS SUBSTITUÍDOS — OBRIGAÇÃO DE FAZER DETERMINAÇÃO QUE PODE SER CUMPRIDA PELA SECRETARIA DA VARA DO TRABALHO DESNECESSIDADE DE IMPOSIÇÃO DE MULTA DIÁRIA À RECLAMADA PARA GARANTIR A EFETIVIDADE DA DECISÃO JUDICIAL. O art. 39 e parágrafos da CLT estabelecem a faculdade de a Secretaria da Vara do Trabalho proceder às anotações na CTPS dos substituídos quando a empresa-reclamada negar-se a cumprir determinação imposta nesse sentido na decisão judicial transitada em julgado. Do teor desses dispositivos legais infere-se que não se aplica, nessa hipótese, a norma contida no art. 461, § 4º, do CPC. Isso porque a efetividade da determinação judicial está devidamente garantida, não se justificando a imposição da multa diária, decorrente da falta de anotação na CTPS dos Substituídos". PROC. N. TST-RR-61/2005-099-03-00.6, Min. Relator Ives Gandra Martins Filho, DJ 1.12.2006.

(90) MEIRELES, Edilton. *Temas da execução trabalhista*. São Paulo: LTr, 1998. p. 26.

(91) "A ação civil pública poderá ter por objeto a condenação em dinheiro ou o cumprimento de obrigação de fazer ou não fazer."

(92) Nomenclatura utilizada levando-se em consideração a previsão de tutelas específicas nominadas na CLT, como a reintegração de dirigente sindical.

(93) DINAMARCO, Cândido. *Instituições de direito processual civil*. T. I. São Paulo: Malheiros, 2001. p. 152.

(94) GARCIA, Gustavo Filipe Barbosa. Tutela jurisdicional específica e sua execução no direito processual do trabalho. In: *Revista LTr*, ano 72, n. 05, maio 2008. p. 571.

Ressalte-se, ainda, que as obrigações específicas (fazer, não fazer e entregar coisa) somente serão convertidas em perdas e danos (obrigação pecuniária) se impossível a realização específica ou a obtenção de "resultado prático correspondente", além do direito de opção pelo autor, consoante disposto no § 1º do art. 461.

3.4.2. Execução em sentença de quantia no processo do trabalho

No tocante à execução de sentença de quantia, deve-se reconhecer o sincretismo e a consequente ausência de autonomia, cujo regramento encontra-se disposto a partir do art. 876 da CLT, aplicando-se por subsidiariedade, com as devidas adaptações, a sistemática processual civil alterada por intermédio das Leis ns. 11.232/2005 e 11.382/2006.

Execução de títulos executivos extrajudiciais, conforme previsto no art. 876[95] do texto celetista, dos termos de compromisso de ajustamento de condutas, mais conhecidos como TCACs, firmados principalmente perante o Ministério Público do Trabalho e termos de conciliação avençados ante as Comissões de Conciliação Prévia. Nesses dois instrumentos poderá constar obrigação de pagar e/ou obrigações de fazer, além de multa em razão do descumprimento dessas obrigações.

Há, também, após a modificação do art. 114, VII, da CF/1988[96], por intermédio da Emenda Constitucional n. 45/2004, quase consenso doutrinal[97] acerca do reconhecimento como título executivo extrajudicial na Justiça do Trabalho das certidões de inscrição na dívida ativa da União referente às penalidades administrativas impostas ao empregador pelos entes estatais fiscalizadores das relações de trabalho.

3.5. Sentença, acórdão ou decisão interlocutória executável na pendência de recurso não recebido com efeito suspensivo

Como já salientado, há determinadas tutelas jurisdicionais que necessitam de atividade ulterior à sentença para produção de efeitos materiais, por essa razão formam os chamados títulos executivos judiciais.

É exatamente o que acontece com as tutelas específicas e pagamento de quantia, nos termos do disposto no art. 475-N do CPC[98].

---

(95) "Art. 876. As decisões passadas em julgado ou das quais não tenha havido recurso com efeito suspensivo; os acordos, quando não cumpridos; os termos de ajustamento de condutas firmados perante o Ministério Público do Trabalho e os termos de conciliação firmados perante as Comissões de Conciliação Prévia serão executados pela forma estabelecida neste Capítulo."

(96) "Ações relativas às penalidades administrativas impostas aos empregadores pelos órgãos de fiscalização das relações de trabalho".

(97) *Vide*, dentre outros, SCHIAVI, Mauro. *Manual de direito processual do trabalho*. São Paulo: LTr, 2008. p. 699.

(98) "Art. 475-N. São títulos executivos judiciais: I – a sentença proferida no processo civil que reconheça a existência de obrigação de fazer, não fazer entregar coisa ou pagar quantia."

Também já ressaltada a distinção da sistemática executória das obrigações específicas em relação às sentenças de quantia.

Malgrado tal distinção, ambas admitem, na pendência de recurso não recebido no efeito suspensivo (decisão de eficácia provisória), execução[99] da sentença ou acórdão (execução ou efetivação de decisão interlocutória será apreciada oportunamente) nos termos do art. 475-O do CPC, pouco importando se a atividade executória é voltada a impor obrigação de fazer, não fazer e entregar coisa ou "alienar bem penhorado"[100].

Destaque-se que o emprego da palavra "sentença" no art. 475-I, § 1º, deve ser compreendido de maneira ampla, "no sentido de resolução ou pronunciamento judicial"[101], pois são passíveis de execução, provisória ou definitiva, sentenças, acórdãos (art. 163 do CPC) e as decisões interlocutórias (basta lembrar decisão interlocutória que impõe obrigação de fazer, em sede de antecipação de tutela específica — § 3º do art. 461 — com reflexos patrimoniais, v. g., o custeio por um ente público de um determinado tratamento de saúde não ofertado ordinariamente pelo sistema público, consoante será oportunamente desenvolvido).

3.5.1. Sistemática no processo do trabalho

Ao contrário do processo civil que disciplina regramento distinto para execução de títulos judiciais e extrajudiciais, bem como às obrigações estampadas nesses títulos, o processo do trabalho não faz tal distinção legal.

A CLT disciplina o mesmo procedimento executivo para os títulos judiciais e extrajudiciais, bem como também não faz distinção quanto às obrigações neles estampadas.

Quanto à questão da ineficácia executiva decorrente de efeito suspensivo atribuído a recurso, no processo do trabalho, em face do disposto no art. 899, *caput*, da CLT, não há suspensividade *ex lege* atribuída aos remédios recursais.

Apenas em situações específicas e excepcionais existe a possibilidade legal (art. 14 da Lei n. 10.192/2001) do Presidente do Tribunal Superior do Trabalho, em sede de recurso ordinário em dissídio coletivo, conferir efeito suspensivo ao referido remédio recursal desde que haja fundamento relevante. A jurisprudência consolidada do TST também admite a utilização de ação cautelar para obtenção de

---

(99) Lembrando-se que, inobstante as distinções feitas pela doutrina no tocante ao cumprimento por efetivação (das tutelas específicas) e cumprimento por execução (das sentenças de quantia), as expressões execução e cumprimento são e ainda serão utilizadas como se fossem sinônimas.

(100) MARINONI, Luiz Guilherme; ARENHART, Sérgio Cruz. *Execução*. v. 3. São Paulo: RT, 2007. p. 351.

(101) ASSIS, Araken de. *Cumprimento da sentença*. Rio de Janeiro: Forense, 2006. p. 142.

efeito suspensivo a recurso[102], consoante disposto na última parte do primeiro item da *Súmula n. 414 do Tribunal Superior do Trabalho*.[103]

A natureza do recurso não é o elemento primordial para se obstar ou deflagrar a execução provisória. Admite-se, portanto, em sede de recurso ordinário, recurso de revista, agravo de instrumento para destrancar recursos de fundamentação vinculada ou não, recurso extraordinário perante o STF, ou qualquer outra modalidade recursal não submetida a efeito suspensivo, a deflagração da via provisória executiva, seja obrigação de pagar quantia ou relativa à tutela específica.

O processo do trabalho não admite recurso em face de decisão interlocutória, nos termos do § 1º do art. 893 da CLT. Aliás, tal louvável sistemática, ainda não alcançada na seara do processo civil, a par das constantes alterações legislativas que ao longo de vários anos vem sofrendo o recurso de agravo de instrumento no intuito de reduzir seu poder de fogo, em outra oportunidade foi classificada como um dos troncos (os outros dois são: i) postura inquisitorial do Juízo prevista no art. 765 da CLT; ii) a sistemática da execução de ofício prevista no art. 878 da CLT) componentes do que se nominou de "tríade da efetividade"[104] no processo do trabalho.

Há de se destacar, também, a peculiaridade do recurso de agravo de petição. Nos termos do disposto no § 1º do art. 897 da CLT admite-se apenas a exequibilidade do montante não objeto da insurreição recursal, motivo pelo qual, de maneira açodada, poder-se-ia compreender a impossibilidade desse montante objeto da via recursal ser executado provisoriamente. Não é bem assim. A par da existência de notória dissensão doutrinária[105], há pelo menos três argumentos que afastam tal argumento doutrinal.

O primeiro destaca que o regramento do citado art. 897 da CLT não se refere à execução provisória, pois a parte incontroversa do julgado será certamente objeto de execução definitiva.

---

(102) Francisco Antônio de Oliveira sustenta posição singular ao afirmar a possibilidade do efeito suspensivo ser decretado pelo juízo (critério *ope judicis*), desde que o faça "mediante despacho (sic) fundamentado". A nova reforma processual — reflexos sobre o processo do trabalho – Leis ns. 11.232/2005 e 11.382/2006. In: *Revista LTr*, ano 70, n. 12, dez. 2006. p. 1424.

(103) SÚMULA n. 414. MANDADO DE SEGURANÇA. ANTECIPAÇÃO DE TUTELA (OU LIMINAR) CONCEDIDA ANTES OU NA SENTENÇA (conversão das Orientações Jurisprudenciais ns. 50, 51, 58, 86 e 139 da SBDI-2) – Res. 137/2005, DJ 22, 23 e 24.8.2005. I – A antecipação da tutela concedida na sentença não comporta impugnação pela via do mandado de segurança, por ser impugnável mediante recurso ordinário. A ação cautelar é o meio próprio para se obter efeito suspensivo a recurso. (ex-OJ n. 51 da SBDI-2 - inserida em 20.9.2000).

(104) COSTA, Marcelo Freire Sampaio. *Op. cit.*, p. 17.

(105) Entre os que admitem a execução provisória de montante objeto de recurso de agravo de petição encontra-se, PINTO, José Augusto Rodrigues. *Execução trabalhista*. 11ª ed. São Paulo: LTr, p. 417. Dentre os que não admitem está MARTINS, Sérgio Pinto. *Direito processual do trabalho*. 23. ed. São Paulo: Atlas, 2005. p. 451.

O segundo argumento decorre do novel regramento disposto no art. 475-M do CPC[106], cuja redação foi imposta pela Lei n. 11.232/2005, com incidência no processo do trabalho, que dispõe acerca da atribuição de efeito suspensivo à via impugnatória pelo Juízo, caso haja possibilidade de causar grave dano "de difícil ou incerta reparação" ao executado.

Antes bastava apresentar via incidental dos embargos de devedor para lograr imediato e automático efeito suspensivo *(ope legis)*. Agora tal efeito suspensivo poderá ou não ser atribuído pelo juízo *(ope judicis)*, a depender das circunstâncias do caso concreto.

Conforme já defendido em outra ocasião, tal sistemática é compatível com o processo do trabalho, até porque a CLT em nenhuma ocasião dispõe sobre tal matéria. Logo, nos embargos à execução no processo laboral (art. 884 da CLT) a atribuição do efeito suspensivo será *ope judicis*[107].

Nesse eito, se os embargos à execução na seara processual laboral não detêm a prerrogativa de suspender, *ex lege,* a execução provisória deflagrada, não será o recurso contra ele cabível, no caso o agravo de petição, que irá alcançar tal privilégio.

O derradeiro argumento gira em torno da própria construção de uma novel moldura a ser atribuída à execução provisória na seara laboral voltada à possibilidade, obedecendo-se certos parâmetros, de serem alcançados atos de transferência de patrimônio.

Assim, pode-se resumir singelamente da seguinte maneira: usualmente a sentença trabalhista, estampando obrigações específicas ou de quantia, será imediatamente executável em razão da ausência de efeito suspensivo atribuído pela lei, observando-se limites que serão construídos ao longo do presente trabalho.

3.6. Distinção entre execução definitiva e provisória (fundada em decisão provisória). Execução completa e incompleta

Como visto em momento anterior, o debelar de uma crise de inadimplemento inicia-se com a obtenção de uma decisão meritória acolhedora do pleito do possível credor.

Tal provimento, chamado norma jurídica concreta, significa a possibilidade de produção de efeitos concretos no mundo dos fatos.

Porém, tal produção imediata de efeitos, por mera questão de política legislativa, nem sempre tem eficácia no plano real, pois o sistema jurídico poderá adotar o "princípio de que uma decisão passível de ser executada deva/possa ser reexaminada"[108].

---

(106) "Art. 475-M. A impugnação não terá efeito suspensivo, podendo o juiz atribuir-lhe tal efeito desde que relevantes seus fundamentos e o prosseguimento da execução seja manifestamente suscetível de causar ao executado grave dano de difícil ou incerta reparação."

(107) COSTA, Marcelo Freire Sampaio. *Op. cit.*, p. 131.

(108) ABELHA, Marcelo. *Op. cit.*, p. 38.

Nesse contexto surge o que o CPC chama de execução definitiva e provisória do julgado.

Dizia o revogado texto do art. 587 do CPC que a "execução é definitiva quando fundada em sentença transitada em julgado ou em título executivo extrajudicial; é provisória quando a sentença for impugnada mediante recurso recebido só no efeito devolutivo".

Prevê o atual regramento legal sobre tal assunto (§ 1º do art. 475-I) que é "definitiva a execução da sentença transitada em julgado e provisória quando se tratar de sentença impugnada mediante recurso ao qual não foi atribuído efeito suspensivo".

Destaca, portanto, a novel redação que, seja a execução aparelhada por título judicial ou extrajudicial, sempre que houver recurso, atacando a sentença, recebido somente no efeito devolutivo[109], tal execução será provisória.

Inobstante a redação nova ser melhor que a anterior[110], repetiu-se o mesmo erro pretérito, pois, como já mencionado anteriormente, execução provisória não se restringe às sentenças[111], mas de qualquer outro provimento jurisdicional executável (v. g., decisão interlocutória que defere pleito antecipatório de obrigação específica para arcar com determinado tratamento médico), consubstanciada em obrigação de pagar ou específica.

No processo civil, consoante regramento do art. 520, salvo exceções dispostas nesse dispositivo, a regra geral é o recebimento do recurso no chamado duplo efeito — devolutivo e suspensivo (obstativo)[112], autorizando, via de consequência, a

---

(109) Acerca da nomenclatura "efeito devolutivo", Manoel Antônio Teixeira Filho firma coerente crítica, que merece destaque pela singularidade: "Ora a locução efeito devolutivo só faz sentido quando os magistrados inferiores exercem a jurisdição por delegação do imperador, hipótese em que, havendo apelação, a juridição era devolvida ao imperador; na atualidade, entretanto, os juízes de primeiro grau não exercem suas atividades jurisdicionais por delegação dos juízes dos tribunais, para que se possa dizer que o recurso devolve a jurisdição ao órgão do segundo grau. Ainda que se queira alegar que devolutividade, no caso, seria da matéria impugnada, a impropriedade da expressão não estaria afastada, pois a matéria que foi apreciada e decidida pelo juízo prolator da sentença recorrida não era de competência originária da Corte de segundo grau. A verdade é, portanto, *que o recurso não devolve coisa alguma; melhor será, por isso, que a doutrina passe a utilizar construções como 'efeito não-suspensivo', em lugar de 'devolutivo', dada a absoluta falta de inatualidade (sic) histórica* deste termo". In: *Execução no processo do trabalho.* 5. ed. São Paulo: LTr, 1995. p. 185.

(110) No mesmo sentido *vide* JORGE, Flávio Cheim; DIDIER JÚNIOR, Fredie; RODRIGUES, Marcelo Abelha. *A terceira etapa da reforma processual civil.* São Paulo: Saraiva, 2006, p. 121.

(111) Antônio de Pádua Soubhie Nogueira entende não se tratar de erronia legislativa, porque o termo "sentença" foi utilizado para "fins de simplificação", restando claro que tal expressão "equivale ao gênero 'decisão final'". In: *Execução provisória da sentença. Caracterização, princípios e procedimento.* São Paulo: RT, 2005. p. 67.

(112) A doutrina salienta que verdadeiramente não se trata de efeito suspensivo da apelação, e sim *obstativo*, tendo em conta a manutenção do estado de ineficácia da sentença. Logo, nada haveria

perduração do estado de ineficácia e ausência de executividade até o trânsito em julgado. A execução dita provisória na sistemática do processo civil é medida de cunho nitidamente excepcional[113].

Voltando à distinção entre execução provisória e definitiva, tem-se como particularidade característica daquela "permitir o acesso à tutela jurisdicional executiva quando ainda pendente de confirmação pelo Tribunal a sentença que definiu a norma jurídica individualizada objeto do cumprimento"[114]. Em outras palavras haveria verdadeira "antecipação da eficácia executiva da sentença e de outros provimentos jurisdicionais, em obediência ao momento e o grau de maturidade entendido pelo legislador como adequado"[115].

Há, destarte, o desenvolvimento de relações processuais simultâneas e paralelas — a litispendência cognitiva e a execução provisória.

Nesse caso, existem interesses contrapostos. De um lado o exequente já possuidor de decisão meritória (sentença ou decisão interlocutória) favorável à pretensão jurisdicional, busca vê-la cumprida de imediato no plano real, além de tentar inibir o aviamento de medidas recursais "com o propósito de protelar indefinidamente a execução"[116]. Do outro lado o executado pretendendo obstar tal tutela executiva até o julgamento do(s) recurso(s) por ele interposto(s) e o consequente trânsito em julgado da questão. Subjaz inquestionavelmente o conflito da preservação da segurança jurídica *versus* o "reclamo da efetividade dos direitos".[117]

Tal efetividade de direitos, consubstanciada na execução provisória, significa, além de óbvia abreviação do tempo do processo[118], inquestionável "prevenção dos males que essa demora poderá trazer a quem efetivamente tem direito (a presunção é de que o vencedor da causa, em primeiro grau, tenha razão)"[119].

---

a ser suspendido, porquanto a decisão não surtiria qualquer efeito a partir da sua publicação até o aviamento do recurso com efeito suspensivo. Nessa linha, *vide*, dentre outros: MEDINA, José Miguel Garcia. *Execução civil. Princípios fundamentais*. São Paulo: RT, 2002. p. 262; RIBEIRO, Leonardo Ferres da Silva. *Execução provisória no processo civil*. São Paulo: Método, 2006. p. 40.

(113) SILVA, Ovídio Batista da. *Curso de processo civil. Execução obrigacional, execução real, ações mandamentais*. v. 2. 3. ed. São Paulo: RT, 1998. p. 51. Nesse mesmo sentido HOFFMANN, Ricardo. *Execução provisória*. São Paulo: Saraiva, 2004. p. 81.

(114) ZAVASCKI, Teori Albino. Processo de execução. Parte geral. 3. ed. In: *Coleção Enrico Tullio Liebman*. v. 42. São Paulo: RT, 2004. p. 433.

(115) CARPI, Federico. *La provvisoria esecutorietá della sentenza*. Milano: Giuffrè, 1979. p. 3 (tradução livre).

(116) ASSIS, Araken de. *Op. cit.*, p. 137.

(117) ZAVASCKI, Teori Albino. *Op. cit.*, p. 434.

(118) Luiz Guilherme Marinoni foi quem primeiro cunhou a expressão "tempo do processo", afirmando que o ônus desse "tempo do processo" não poderia recair unicamente sobre o autor, "como se esse fosse o (único) culpado pela demora ínsita à cognição dos direitos". In: *Tutela antecipatória, julgamento antecipado e execução imediata da sentença*. São Paulo: RT, 1997. p. 18.

(119) NOGUEIRA, Antônio de Pádua Soubhie. *Op. cit.*, p. 71.

A doutrina hodierna esclarece corretamente que a expressão "execução provisória"[120] é equivocada, pois a provisoriedade não é das medidas dela decorrentes, pois estas provocam efeitos definitivos, mas do ato jurisdicional em que se escora a execução chamada de provisória. A provisoriedade não está na execução, sempre definitiva, mas apenas e tão somente no título que a aparelha[121].

Vejamos sobre essa questão a literalidade dos ensinamentos de *Marinoni* e *Arenhart*:

"Contudo, esta expressão (execução provisória) é equivocada. A execução dita provisória não é diferente da execução de sentença já transitada em julgado. Ainda que a execução possa ser limitada e, portanto, incompleta, os atos executivos praticados em virtude de sentença que ainda não foi confirmada pelo tribunal não podem ser chamados de provisórios. Note-se, por exemplo, que a penhora não pode ser chamada de provisória, já que nada virá substituí-la. No caso de "execução provisória" do despejo tudo fica mais claro: mesmo que, no caso da reforma da sentença, coubesse o retorno do locatário ao imóvel, e não apenas a sua indenização (conforme determina o art. 64, § 2º, da Lei n. 8.245/91), a execução poderia ser considerada provisória. Os atos executivos alteram a realidade física e, portanto, não podem ser classificados em provisórios e definitivos."[122]

Portanto, assim como a execução definitiva, a dita provisória também altera a realidade dos fatos, pois os atos executivos praticados em qualquer dessas modalidades são idênticos. A penhora, por exemplo, produz idênticos efeitos em qualquer dessas modalidades.

Nesse eito, não existe distinção estrutural entre execução provisória e definitiva. Ambas são processadas, no que couber, da mesma maneira (art. 475-O, *caput*), com a possibilidade de serem praticados atos de transferência patrimonial, "mas apenas a definitiva não se submete à possibilidade direta e imediata de alteração ou sustação".[123]

Após equacionar-se a questão da nomenclatura da execução provisória (na verdade é *execução fundada em decisão provisória*, contudo, serão utilizadas indistintamente tais expressões como se fossem idênticas), surge outra diferenciação fundamental ao desenrolar do presente trabalho: execução completa ou incompleta.

Diz-se que a execução é completa quando efetivamente entrega o bem da vida pretendido, ao contrário da incompleta que possui limite ligado à ausência de satisfatividade — da prática de atos que importem alienação do patrimônio do executado.

---

(120) Mesma expressão "esecuzione provvisoria" foi consagrada pelo processo italiano (art. 282 do CPC italiano).

(121) No mesmo sentido, dentre tantos outros: CARPI, Federico. *Op. cit.*, p. 6.

(122) MARINONI, Luiz Guilherme; ARENHART, Sérgio Cruz. *Execução*. v. 3. São Paulo: RT, 2007. p. 358.

(123) CORDEIRO, Wolney de Macedo. A execução provisória trabalhista e as novas perspectivas diante da Lei n. 11.232, de dezembro de 2005. In: *Revista LTr*, ano 71, n. 04, abr. 2007. p. 451.

A doutrina processual vinha firmando incorreta relação entre execução fundada em decisão provisória e execução incompleta, como se tais categorias fossem inseparáveis, tal qual irmãos siameses; ou melhor, como se não fosse possível haver execução de decisão provisória considerada completa, conforme já mencionado em momento anterior. Aliás, o processo do trabalho continua mantendo, como será apresentado posteriormente, tal dogma ainda intacto.

Portanto, a execução fundada em decisão provisória não significa, malgrado essa fosse uma forte tendência em passado recente do processo civil (ainda conservada incólume no processo do trabalho), incompletude de eficácia ou de profundidade. "A provisoriedade da sentença se liga à sua imutabilidade e não à sua eficácia. Uma sentença pode ser provisória ou mutável e levar à realização do direito do autor. Tudo é uma questão de política legislativa".[124]

3.6.1. Sistemática no processo do trabalho

A execução provisória no processo do trabalho, como em tantas outras matérias processuais, possui "frugal regulação"[125] em apenas um dispositivo legal (art. 899, *caput*), em que na última parte dele menciona-se o limite de a execução provisória alcançar "até a penhora".

Nesse mesmo dispositivo legal há expressa previsão de que os recursos, interpostos por "simples" petição, terão efeito "meramente devolutivo". Isto significa que, ao contrário do processo civil, a realização da execução provisória no processo laboral é regra geral, pois o efeito suspensivo recursal não é *ope legis* (decorre da lei).

As exceções são duas, mencionadas novamente. A primeira trata da possibilidade de se alcançar efeito suspensivo por intermédio da interposição de recurso ordinário para atacar acórdão em sede de dissídio coletivo (Lei n. 10.192/2001), conforme salientado em momento anterior. A segunda trata da possibilidade extraordinária de se alcançar efeito suspensivo por intermédio de ação cautelar incidental, consoante disposto na Súmula n. 414 do Tribunal Superior do Trabalho, como visto anteriormente.

As distinções entre execução definitiva e aquela fundada em decisão provisória (execução provisória), assim como a idéia de execução completa e incompleta, consoante tratado em momento anterior, são plenamente aplicáveis ao processo do trabalho.

No processo do trabalho há hipóteses legais de execuções de tutelas específicas fundadas em decisão provisória (sentença, acórdão ou decisão interlocutória objurgadas: a sentença e acórdão por recurso de fundamentação livre ou vinculada,

---

(124) MARINONI, Luiz Guilherme; ARENHART, Sérgio Cruz. *Op. cit.*, p. 361.

(125) CORDEIRO, Wolney de Macedo. A execução provisória trabalhista e as novas perspectivas diante da Lei n. 11.232, de dezembro de 2005. In: *Revista LTr*, ano 71, n. 04, abr. 2007. p. 451.

e a decisão interlocutória satisfativa, excepcionalmente, por intermédio do remédio heróico de mandado de segurança) plenamente satisfativas (execuções completas), como a reintegração do dirigente sindical, "afastado, suspenso ou dispensado pelo empregador" (art. 659, X, da CLT), as decisões interlocutórias impondo, v. g., obrigações de fazer à parte adversa no que tange à regularização do meio ambiente de trabalho (construções de banheiros adequados, disponibilização de extintores de incêndio no pátio produtivo, construção de abrigo para proteção dos trabalhadores, fornecimento referente às anotações em carteira de trabalho pela Secretaria da Vara, consoante disposto no art. 39 da CLT, caso o empregador recuse observar tal obrigação.

Nessas hipóteses, portanto, há clara manifestação de satisfação no plano fático, também em decisões provisórias, inclusive com o dispêndio de dinheiro para que tais obrigações específicas sejam realizadas, que por si só demonstra, também no processo do trabalho, que a provisoriedade da sentença, acórdão ou decisão interlocutória liga-se à sua imutabilidade e não à sua eficácia.

Em outros termos, é falso vincular necessariamente, repita-se, tal qual irmãos siameses, a execução provisória (execução fundada em decisão provisória) à execução incompleta, como se tais expressões fossem sinônimas, principalmente considerando as novéis alterações legais imputadas a essa matéria no processo civil, com inegáveis reflexos ao processo do trabalho, consoante será apreciado em momento posterior.

Em poucas palavras, e para finalizar: *é a decisão, e não a execução, que é provisória.* E mais, execução de decisão provisória não significa necessariamente incompletude de efeitos. Quando se fala em completude ou incompletude, significa dizer possibilidade ou não de satisfação da pretensão de direito material do exequente.

---

(126) Vejamos exemplo de decisão interlocutória, lavrada por juízo monocrático (Juiz WELLINGTON CÉSAR PATERLINI), que impõe interessantes e eficazes obrigações de fazer, dentre outras: ". Realize levantamento das condições das moradas coletivas de todos os seus trabalhadores rurais migrantes, no prazo de 30 (trinta) dias, no mesmo prazo providenciando que atendam aos requisitos da NR-31 (itens 31.23.5 e ss., como couber), com "condições dignas e básicas de limpeza, estrutura e conforto", com a mudança dos trabalhadores, se for esse o caso, tudo sem custo para eles; 4. Garanta que, doravante, alojamentos e moradas coletivas de seus trabalhadores rurais migrantes atendam às condições mencionadas no item anterior; 5. Abstenha-se da prática de qualquer ato que implique discriminação na admissão de empregados. X – Em caso de descumprimento de qualquer das obrigações de fazer e não fazer deferidas nesta liminar, e nos termos dos já mencionados arts. 11 e 12 da Lei n. 7.347/85, apoiados pelo art. 461, §§ 4º e 5º, do CPC, fixa-se multa diária de R$ 5.000,00, por obrigação imposta e descumprida, a ser revertida em favor do FAT — Fundo de Amparo ao Trabalhador". 2ª Vara do Trabalho de Sertãozinho. Proc. 1332-20080125-15-00-0. <www.trt15.jus.br> Acesso em: 10 ago. 2008.

Capítulo 4

Novel Execução Provisória no Processo do Trabalho Decorrente das Alterações Legislativas Havidas no Processo Civil, Principalmente Decorrentes da Lei n. 11.232/2005

4.1. À guisa de introito

Ao longo do capítulo anterior separou-se, em itens distintos, a sistemática do processo civil e a do laboral. Tal separação não será mais realizada.

Como a pretensão do presente trabalho é a verificação da compatibilidade entre a regulação legal da execução provisória do CPC no processo do trabalho, e levando-se em consideração maior desenvolvimento jurisprudencial e doutrinário dessa disciplina no processo civil, necessariamente cada item desse capítulo abordará inicialmente o processo civil, depois o processo do trabalho, a partir do histórico legal e doutrinário.

4.2. Evolução histórica da execução provisória no processo civil (do CPC de 1939 até a Lei n. 11.232/2005) e no processo do trabalho

Dizia o art. 882 do CPC de 1939[1] que as sentenças seriam exequíveis quando já "transitadas em julgado" ou "quando recebido o recurso somente no efeito devolutivo".

---

(1) Firmar longo escorço da evolução legislativa e doutrinal do instituto da execução provisória no processo pátrio e no direito comparado extrapolaria os limites impostos ao presente, motivo pelo qual se inicia a partir do Código de Processo Civil de 1939. Acerca da evolução histórica, de forma profunda, do instituto da execução provisória no direito pátrio e alienígena, *vide*, dentre outros, LUCON, Paulo Henrique dos Santos. *Eficácia das decisões e execução provisória*. RT: São Paulo, 2000.

Já o art. 883 do mesmo diploma legal traçava os limites da execução provisória vaticinando que esta não abrangeria atos que importassem "alienação de domínio", nem autorizariam levantamento de dinheiro sem "caução idônea".

Na mesma linha do CPC de 1939, a redação original do art. 588 do vigente Código de Processo Civil de 1973 determinava que a execução provisória não permitisse a realização de "atos" que importassem em alienação de domínio, logo, não poderia satisfazer imediatamente a pretensão do exequente (execução incompleta) enquanto houvesse recurso ainda não apreciado.

Assim, em nenhuma perspectiva o exequente detinha mecanismos aptos para alcançar o bem da vida vindicado.

Servia a via executiva provisória, portanto, apenas e tão somente como uma "espécie de aparelhamento da execução definitiva"[2], porque não se admitia, como dito, a expropriação de bens do devedor. Possibilitava-se o levantamento de quantia em dinheiro sob guarda do Juízo caso houvesse prestação de caução, sendo esta em nenhuma hipótese dispensada.

Era, portanto, uma execução de decisão provisória nitidamente *incompleta* (não satisfazia a pretensão de direito material do exequente), de contorno meramente cautelar[3], pois visava a assegurar o resultado útil da demanda principal por intermédio do adiantamento de medidas de "caráter prodômico"[4].

Tal cenário retratava com nitidez o pouco cuidado e atenção conferida à celeridade e efetividade processual, assim como espelhava o ideário liberal[5] não intervencionista do Estado, que buscava de modo extremado a preservação do "conceito de segurança jurídica"[6], e consequente proteção do patrimônio privado da classe dominante. A incoação executiva apenas era deflagrada quando esgotada a totalidade do limite cognitivo.

A edição da Lei n. 10.444/2002 constitui-se num verdadeiro marco evolutivo hodierno da execução provisória, tendo sido capaz de modificar por completo a configuração desse instituto, notadamente transmudando a natureza jurídica de mero instrumento de cores cautelares para conferir capacidade de satisfazer antecipadamente a pretensão material do exequente.

---

(2) Consoante já sustentado em trabalho anterior. COSTA, Marcelo Freire Sampaio. *Reflexos da reforma do CPC no processo do trabalho.* São Paulo: Método, 2007. p. 79.

(3) Nesse sentido CHIOVENDA, Guiseppe. *Instituições de direito processual civil.* v. I. São Paulo: Saraiva, 1965. p. 272.

(4) WAMBIER, Teresa Arruda Alvim (coord.). *Aspectos polêmicos da nova execução de títulos judiciais.* v. 3. RIBEIRO, Leonardo Ferres da Silva. Primeiras considerações a respeito da atual feição da execução provisória com o advento da Lei n. 11.232/2005. São Paulo: RT, 2006. p. 418.

(5) Acerca das influências do liberalismo no Código de Processo Civil, *vide* interessantes notas lançadas por Marcelo Abelha Rodrigues (cap. XI). In JORGE, Flávio Cheim; DIDIER JÚNIOR, Fredie; RODRIGUES, Marcelo Abelha. *A terceira etapa da reforma processual civil.* São Paulo: Saraiva, 2006. p. 93-106.

(6) RIBEIRO, Leonardo Ferres da Silva. *Execução provisória no processo civil.* São Paulo: Método, 2006. p. 44.

O modelo originário do art. 588 do CPC apresentou relevantes alterações redacionais por intermédio desse novo regramento legal.

Dentre essas alterações destaca-se o inciso primeiro do revogado art. 588 do CPC que deixou de exigir prestação de caução do exequente para se deflagrar a via executiva provisória. Aliás, antes mesmo da alteração redacional desse dispositivo legal, a doutrina e jurisprudência vinham entendendo a caução não como uma exigência à propositura da ação, "mas, sim, apenas, para a prática de certos atos executivos, nomeadamente o de levantamento de depósito em dinheiro"[7].

Outra mudança relevante, constante no parágrafo segundo do revogado art. 588, era a possibilidade da dispensa da exigência de caução do exequente "nos casos de créditos de natureza alimentar, até o limite de 60 (sessenta) vezes o salário mínimo, quando o exequente se encontrar em estado de necessidade".

Ou seja, além de se desvincular a exigência da caução como condição essencial ao início da via executiva provisória, criaram-se, originariamente, hipóteses de dispensa dessa caução, como já visto.

Contudo, as alterações mais importantes, que justificam e conferem eficácia às mudanças até o momento apresentadas, têm início na cabeça do art. 588, em que se mencionava que a execução provisória da sentença far-se-ia "do mesmo modo que a definitiva"; e desfecho na primeira parte do inciso segundo em que era regrada a hipótese de "levantamento de depósitos em dinheiro", bem como "a prática de atos que importem alienação de domínio...".

Essas duas alterações pinçadas alcançaram a própria ontologia do instituto, pois, o que antes era até confundido com um instrumento cautelar, porque visava a assegurar apenas o resultado útil da execução definitiva, passou a ser um instrumento verdadeiramente *satisfativo*, em razão da permissão da efetivação de atos expropriatórios[8] tendentes à realização dos interesses do exequente.

Assim, o conceito antes visto de execução definitiva de decisão provisória encaixou-se perfeitamente nessa nova sistemática, porque, como visto, a execução deixou de possuir cores cautelares para se configurar em espécie de medida executória satisfativa, fulcrada em decisão provisória, porém, de eficácia completa.

---

(7) ZAVASCKI, Teori. *Op. cit.*, p. 443.

(8) A tradição do direito processual considerava atos expropriatórios, previstos no art.647, a arrematação, expropriação, adjudicação e o usufruto de bens móveis ou empresas. A Lei n. 11.382/2006, revogando o citado dispositivo legal, acabou por alterar completamente tal regramento. Atualmente existe verdadeira ordem de preferência nos mecanismos expropriatórios, da seguinte maneira: 1– adjudicação em favor do exequente ou das pessoas elencadas no parágrafo segundo do art. 685-A; 2 – alienação por iniciativa particular (art. 685-C); 3 – alienação em hasta pública (art. 686); 4 – usufruto de bem móvel ou imóvel. Óbvio que o processo do trabalho pode albergar tais mudanças, *v. g.*, alienação por iniciativa particular. O presente estudo não se propõe a adentrar nessa seara. Quem sabe pode ser objeto de um próximo desafio. Acerca desse assunto na ambiência do processo civil, *vide*, com grande proveito, BUENO, Cassio Scarpinella. *A nova etapa da reforma do Código de Processo Civil*. v. 3. São Paulo: Saraiva, 2007.

A Lei de Cumprimento de Sentença (Lei n. 11.232/2005), a par de modificações meramente topológicas (as normas pertinentes à execução provisória previstas anteriormente no art. 588 do CPC agora se encontram concentradas no art. 475-O) e alterações redacionais dos dispositivos vetustos, tais como o do parágrafo primeiro do art. 475-I, que reproduz, parcialmente, o conceito de execução definitiva e provisória havida no revogado art. 587, modificando apenas o enfoque para esclarecer a configuração desta "quando se tratar de sentença impugnada mediante recurso ao qual não foi atribuído efeito suspensivo", também caminhou no sentido da potencialização da efetividade desse instituto, buscando-se, cada vez mais, o sentido satisfativo, deixando para trás a concepção meramente acautelatória antes vigente.

Voltando às alterações da Lei n. 11.232/2005, salienta-se que a sistemática da execução provisória, assim como previsto no regime anterior, corre por conta e risco[9] do exequente, à semelhança dos feitos envolvendo tutelas de urgências (cautelares e antecipações de tutela — medidas de urgência), sucedendo a responsabilização objetiva[10] em caso de provimento de recurso pendente (art. 475-O, I), bem como ficando sem efeito essa via provisória, "sobrevindo acórdão que modifique ou anule a sentença objeto da execução" (art. 475-O, II).

No processo do trabalho não há histórico de evolução legislativa da sistemática da execução provisória, simplesmente porque tal instituto não evoluiu, nem no âmbito legislativo, nem na senda acadêmica, nem muito menos na jurisprudência dos Tribunais laborais[11].

---

(9) "Na disciplina da execução provisória manifesta-se com clareza a idéia do processo civil como um sistema de *certezas, probabilidades e riscos*. Não só de certezas vive o processo. Cabe ao legislador, e também ao juiz, dimensionar as probabilidades de acerto e os riscos de erro, expondo-se racionalmente a estes mas deixando atrás de si as portas abertas para a reparação de erros eventualmente cometidos. A execução provisória é em si mesma um risco, que a lei mitiga ao exigir cauções em situações razoáveis, com vista a deixar o caminho aberto à reparação de possíveis erros". DINAMARCO, Cândido Rangel. *A reforma da reforma*. 3. ed. São Paulo: Malheiros, 2002. p. 255.

(10) Bem lembra José Henrique Mouta Araújo que tal responsabilidade objetiva "também se afigura nos casos de efetivação da tutela antecipada, devendo aquele que se beneficiou pela medida posteriormente reformada na decisão final reparar os danos causados à parte adversa". Anotações envolvendo a 'nova' disciplina da execução provisória e seus aspectos controvertidos. In: *Revista Dialética de Direito Processual*, n. 14, maio, São Paulo: Dialética, 2004, p. 57.

(11) Veja-se brilhante trecho de justificativa de voto divergente, corroborando afirmação da ausência de evolução da posição jurisprudencial sobre tal assunto, lavrado pelo juiz do Tribunal Regional do Trabalho da 8ª Região Vicente José Malheiros da Fonseca: "De fato, como tenho me manifestado em casos similares, creio que o novo modelo legal para o cumprimento da sentença, embora em caráter provisório, determinado pelo art. 588 (depois art. 475-O), do CPC, estabelece diminutas diferenças entre os tipos de execução (definitiva ou provisória), com possibilidade ampla de bloqueio de valores; o levantamento de depósito em dinheiro, como no caso em exame, o que guarda perfeita harmonia com os princípios do processo do trabalho, que se caracteriza pela celeridade, em razão da necessidade de atender o pagamento de créditos de natureza alimentar". In: *Revista do Tribunal Regional do Trabalho da 8ª Região*, v. 40, n. 79, jul./dez. 2007. p. 255.

Conforme mencionado anteriormente, assim como em tantas outras matérias processuais, o texto processual celetista, em parca regulação, tratou a execução provisória em apenas um dispositivo legal (art. 899, *caput*), com a seguinte redação:

> "Os recursos serão interpostos por simples petição e terão efeito meramente devolutivo, salvo exceções previstas neste Título, *permitida a execução provisória até a penhora*". (grifo nosso)

Tal diminuta regulamentação celetista do tema é plenamente justificável sob o ponto de vista histórico. O CPC de 1939, vigente à época da aprovação do texto consolidado, tratava essa questão também de maneira incipiente em apenas um dispositivo (art. 883, III). Este ressaltava a proibição da prática de atos que importassem "alienação de domínio" em sede de execução provisória. Da mesma maneira ainda dispõe a CLT. Porém, os tempos são completamente diferentes, mais de sessenta anos se passaram, daí porque necessário adequar a novel sistemática do processo civil em enfoque ao processo laboral.

Isto significa que a execução provisória trabalhista não pode ser visualizada apenas e tão somente como medida excepcional, despida de finalidade prática (execução incompleta), isto é, que não possibilite a ocorrência de transferência patrimonial, satisfação da pretensão resistida do exequente, observando-se alguns balizamentos e salvaguardas inerentes ao instituto em enfoque.

Urge, portanto, como mencionado em momento anterior, conferir leitura constitucional à técnica da subsidiariedade, principalmente para albergar, com as devidas adaptações, as alterações do sistema excutivo do processo civil no laboral.

O novel regramento da sistemática da execução provisória no processo civil foi assim construído:

> "Art. 475-O. A execução provisória da sentença far-se-á, no que couber, do mesmo modo que a definitiva, observadas as seguintes normas:
>
> I – corre por iniciativa, conta e responsabilidade do exequente, que se obriga, se a sentença for reformada, a reparar os danos que o executado haja sofrido;
>
> II – fica sem efeito, sobrevindo acórdão que modifique ou anule a sentença objeto da execução, restituindo-se as partes ao estado anterior e liquidados eventuais prejuízos nos mesmos autos, por arbitramento;
>
> III – o levantamento de depósito em dinheiro e a prática de atos que importem alienação de propriedade ou dos quais possa resultar grave dano ao executado dependem de caução suficiente e idônea, arbitrada de plano pelo juiz e prestada nos próprios autos.
>
> § 1º No caso do inciso II do *caput* deste artigo, se a sentença provisória for modificada ou anulada apenas em parte, somente nesta ficará sem efeito a execução.
>
> § 2º A caução a que se refere o inciso III do *caput* deste artigo poderá ser dispensada:
>
> I – quando, nos casos de crédito de natureza alimentar ou decorrente de ato ilícito, até o limite de sessenta vezes o valor do salário-mínimo, o exequente demonstrar situação de necessidade;

II – nos casos de execução provisória em que penda agravo de instrumento junto ao Supremo Tribunal Federal ou ao Superior Tribunal de Justiça (art. 544), salvo quando da dispensa possa manifestamente resultar risco de grave dano, de difícil ou incerta reparação.

§ 3º Ao requerer a execução provisória, o exequente instruirá a petição com cópias autenticadas das seguintes peças do processo, podendo o advogado valer-se do disposto na parte final do art. 544, § 1º:

I – sentença ou acórdão exequendo;

II – certidão de interposição do recurso não dotado de efeito suspensivo;

III – procurações outorgadas pelas partes;

IV – decisão de habilitação, se for o caso;

V – facultativamente, outras peças processuais que o exequente considere necessárias."

O desafio agora será, reconhecendo desde logo a *compatibilidade total*[12] desse novel sistema no processo do trabalho, desenvolvê-lo na perspectiva processual laboral, rente ao modelo constitucional do processo e os princípios constitucionais da duração razoável do processo e efetividade da tutela jurisdicional.

Aliás, essa sistemática de execução provisória completa ou satisfativa não é nenhuma novidade no processo do trabalho, considerando que a jurisprudência do TST[13] já vinha reconhecendo, há muito, a compatibilidade do regramento do revogado art. 588 do CPC, similar ao novel regramento, no processo laboral.

Os próximos itens buscarão trilhar o caminho da execução provisória desde a deflagração até a efetiva satisfação da pretensão do exequente.

4.3. Compatibilidade da multa do art. 475-J à execução provisória. Fase anterior à deflagração dos atos executivos

Como já ressaltado em momento anterior, o art. 475-J fixou multa no percentual de 10%, acrescido ao montante originário da condenação em pecúnia (sentença de

---

(12) PELA *COMPATIBILIDADE TOTAL*, dentre outros: SOUTO MAIOR, Jorge Luiz. Reflexos das alterações do Código de Processo Civil no processo do trabalho. In: *Revista LTr*, ano 70, n. 08, ago. 2006. p. 925; BEBBER, Júlio César. *Cumprimento da sentença no processo do trabalho*. São Paulo: LTr, 2006; TEIXEIRA FILHO, Manoel Antônio. As novas leis alterantes do processo civil e sua repercussão no processo do trabalho. In: *Revista LTr*, ano 70, n. 3, maio 2006. p. 292; SARAIVA, Renato. *Curso de direito processual do trabalho*. 4. ed. São Paulo: Método, 2007. p. 549. PELA COMPATIBILIDADE PARCIAL, dentre outros: LEITE, Carlos Henrique Bezerra. *Curso de direito processual do trabalho*. 5. ed. São Paulo: LTr, 2007. p. 897; MEIRELES, Edilton; BORGES, Leonardo Dias. A nova execução cível e seus impactos no processo do trabalho. In: *Revista IOB Trabalhista e Previdenciária*, ano XVII, n. 203, maio 2006. p. 27; MALLET, Estevão. O processo do trabalho e as recentes modificações do Código de Processo Civil. In: *Revista LTr*, v. 70, n. 06, jun. 2006. p. 670.

(13) *Vide*, dentre outros, Acórdão SBDI2. PROC. N. TST-ROMS-10.042/2004-000-22-00.0.

quantia), caso o executado não efetue espontaneamente o cumprimento do julgado no prazo de quinze dias.

Também já salientado ter essa medida natureza de caráter punitivo, por conta da ausência de adimplemento espontâneo no prazo de quinze dias, e *independentemente de requerimento do interessado*.

No processo do trabalho a aplicação da multa do art. 475-J foi devidamente situada numa fase de satisfação espontânea do julgado anterior à deflagração dos atos executórios propriamente ditos, isto é, momento anterior ao regramento disposto no art. 880 e ss. da CLT, em que seria permitida a satisfação da obrigação de pagar estampada na decisão sem a incidência do *plus* de 10% (dez por cento) relativos à imposição de multa processual *ope legis*. Daí porque a discussão pertinente à possível adequação (leia-se redução para o prazo de quarenta e oito horas ou oito dias) desse prazo cairia por terra, considerando o posicionamento, no *iter* procedimental, desse módulo processual de cumprimento.

O desafio nesse momento é tentar compatibilizar a incidência dessa multa em sede de execução provisória no processo do trabalho.

Antes, ressalta-se a dificuldade dessa empreitada considerando a existência, como também apresentado anteriormente, de forte cizânia doutrinária e jurisprudencial acerca da incidência desse instituto até mesmo em sede de execução definitiva no processo laboral.

Óbvio que esse desafio no sítio da execução provisória nessa seara processual adquire maiores proporções.

No processo civil também houve nítida bifurcação das vozes doutrinárias acerca da incidência da multa do art. 475-J em sede de execução de decisão provisória.

Os que rechaçam afirmam que a deflagração da execução provisória seria faculdade do credor, que poderia "preferir não usar tal faculdade"[14], considerando que a imposição da multa de 10% (dez por cento) pela jurisdição independe de pedido do exequente.

Também se poderia argumentar, pelos que objurgam a incidência da multa de 10% (dez por cento) em execução provisória de sentença de quantia, que tal conduta acarretaria a desistência tácita e consequente aquiescência do executado quanto à obrigação de pagar estampada no provimento jurisdicional, hipótese, portanto, de verdadeira preclusão lógica[15].

---

(14) SANTOS, Ernane Fidélis dos. *As reformas de 2005 e 2006 do Código de Processo Civil*. 2. ed. São Paulo: Saraiva, 2006. p. 57. Também rechaça, dentre outros, o cabimento da imposição da multa de 10% GARCIA, Gustavo Filipe Barbosa. *Terceira fase da reforma do Código de Processo Civil*. São Paulo: Método, 2006. p. 52.

(15) "Observe-se que, se o provimento judicial a que se refere o art. 475-J deve ser aquele que transitou em julgado, não se admitindo a regra da imposição da multa para execuções provisórias (provimentos condenatórios não transitados em julgado), sob pena de se colocar o devedor em um beco sem saída, ou seja, se pagar espontaneamente, há a *preclusão lógica* e, portanto, desistência tácita dos

Afirmam os defensores da incidência dessa multa no sítio executivo provisório, como visto anteriormente, que provisório é o título (provimento jurisdicional) que aparelha a execução, pois tal sistemática poderá atingir eficácia plenamente satisfativa, verdadeira execução imediata ou antecipada, podendo até mesmo realizar-se sem a exigência da contracautela (caução), consoante será apresentado posteriormente[16].

Como diz a cabeça do art. 475-O, a execução provisória "da sentença" (leia-se provimento jurisdicional), far-se-á, naquilo que couber, "do mesmo modo que a definitiva".

A idéia da suposta preclusão lógica decorrente do cumprimento provisório da decisão também não se sustenta, pois o executado é exortado para cumprir imediatamente, mesmo que provisoriamente, a obrigação de pagar, logo, "cumprirá a sentença porque é obrigado para tanto e não porque o quer"[17] fazê-lo espontaneamente.

Não há razão que justifique a não admissão da incidência do art. 475-J quando houver ainda a litispendência, porque se deve compreender que o objetivo desta "é dar efetividade à condenação e de que já passou a época em que se cometia o equívoco de subordinar o efeito sentencial à coisa julgada material"[18].

A interpretação mais consentânea ao modelo constitucional de efetividade processual defendido até o momento é aquela em que a redação da cabeça do art. 475-O, conjugada com a primeira parte do art. 475-J, conclui ser o transcurso do prazo de quinze dias para pagamento, sob pena da incidência da multa de 10% (dez por cento), o estágio inaugural de uma fase satisfativa, *ainda espontânea*, da obrigação de pagar estampada no título executivo, sendo espécie do gênero cumprimento do provimento jurisdicional, inclusive como forma de fortalecer e conferir a devida magnitude às decisões lavradas em primeiro grau de jurisdição[19].

---

recursos excepcionais interpostos; por outro lado, se não pagar e optar pela interposição dos recursos, se sujeitará à penalidade de 10% sobre o valor da condenação, mesmo sabendo que o sistema lhe permitirá impugnar o provimento mediante recurso." (grifo nosso). ABELHA, Marcelo. *Manual de execução civil*. 2. ed. São Paulo: Forense Universitária, 2007. p. 313.

(16) Nesse sentido, dentre outros, BUENO, Cassio Scarpinella. *A nova etapa da reforma do Código de Processo Civil*. v. 1. São Paulo: Saraiva, 2006. p. 76.

(17) BUENO, Cassio. Variações sobre a multa do *caput* do art. 475-J do CPC na redação da Lei n. 11.232/2005. In: WAMBIER, Teresa Arruda Alvim (coord.). *Aspectos polêmicos da nova execução de títulos judiciais*. v. 3. São Paulo: RT, 2006. p. 153.

(18) MARINONI, Luiz Guilherme; ARENHART, Sérgio Cruz. *Op. cit.*, p. 352.

(19) Nesse sentido, trecho escrito por Cassio Scarpinella Bueno merece transcrição literal: "Insisto nesta última observação: ao emprestar para a execução provisória o mesmo modelo executivo das sentenças já transitadas em julgado, é importante ter consciência de que disto decorre um fortalecimento necessário e consequente do juízo de primeiro grau de jurisdição, quando a hipótese for de apelação recebida sem efeito suspensivo, e dos próprios tribunais de segundo grau de jurisdição, quando a hipótese for de tramitação dos recursos especial e extraordinário. É importante que a força executiva da sentença e dos acórdãos (adicione-se os provimentos interlocutórios), mesmo quando eles dependam, ainda, de ulterior deliberação em sede recursal, seja reconhecida e acatada pelo devedor... Pensamento diverso teria o condão de neutralizar ou, quando menos, reduzir o espectro da eficácia reconhecida

No processo do trabalho a doutrina pouco se debruçou sobre tal assunto. Mesmo assim, também se pode constatar a formação de duas correntes doutrinais divergentes.

A primeira afasta o cabimento da multa do art. 475-J em sede de execução provisória, "uma vez que a obrigação ainda não restou consolidada pelo trânsito em julgado"[20].

Outra destaca a incidência dessa multa mesmo em se tratando de execução provisória, pois os arts. 475-J e 475-O não fazem qualquer ressalva acerca do cabimento nesse momento processual, além do prestígio à efetividade processual e à decisão de primeiro grau[21].

De fato, não há motivos para afastar a incidência da multa do art. 475-J em sede de execução provisória no processo laboral, por todas as razões já apresentadas anteriormente. Além disso, há duas peculiaridades no processo do trabalho que reforçam tal incidência.

A primeira diz acerca da ausência de efeito suspensivo *ope legis* dos recursos (art. 899 da CLT). Sistemática bem distinta do processo civil, em que o efeito suspensivo da apelação é regra (*caput* do art. 520 do CPC[22]), impossibilitando o início da execução provisória enquanto tal recurso de fundamentação livre não for julgado. No processo do trabalho, consoante salientado em momento anterior, o efeito suspensivo, de regra, somente será obtido extraordinariamente em sede cautelar, conforme disposto na última parte do primeiro item da Súmula n. 414 do Tribunal Superior do Trabalho, e na hipótese da Lei n. 10.192/2001. Isto significa a possibilidade de se iniciar a execução provisória, deflagrada por intermédio da intimação do executado (na pessoa do advogado constituído — se houver) para pagamento no prazo de quinze dias, sob pena de acréscimo de multa de 10%.

Outra peculiaridade mais óbvia da execução laboral destaca a premência da necessidade de satisfação do crédito vindicado em razão da sua natureza alimentar, ou decorrer de ato ilícito, como acontece com as ações acidentárias, cada vez mais recorrentes no foro laboral, justificando, portanto, a busca de mecanismos hábeis à promoção da satisfação da pretensão jurisdicional posta com a maior exiguidade possível, justamente o móvel do instituto em questão.

às decisões jurisdicionais — inclusive quando comparada com a eficácia reconhecida às decisões proferidas com base em cognição mais reduzida, ainda em casos de urgência —, diretriz que vai de encontro às conquistas mais recentes do direito brasileiro, no plano constitucional e no plano infraconstitucional". Variações sobre a multa do caput do art. 475-J do CPC na redação da Lei n. 11.232/2005. In: WAMBIER, Teresa Arruda Alvim (coord.). *Aspectos polêmicos da nova execução de títulos judiciais*. v. 3. São Paulo: RT, 2006. p. 157-8.

(20) BEBBER, Júlio César. *Op. cit.*, p. 97.

(21) Nesse sentido SCHIAVI, Mauro. *Manual de direito processual do trabalho*. São Paulo: LTr, 2008. p. 759.

(22) "Art. 520. A apelação será recebida em seu efeito devolutivo e suspensivo. Será, no entanto, recebida só no efeito devolutivo, quando interposta de sentença que: ...".

Não há dúvidas, portanto, que a multa do art. 475-J é plenamente aplicável em sede de execução provisória no processo laboral.

4.4. Instauração da execução provisória no processo do trabalho. Fase do cumprimento espontâneo distinta da realização de atos expropriatórios

Antes de tratar da instauração da fase executória provisória, importante ressaltar distinção que vem sendo realizada ao longo do presente.

O cumprimento ou a satisfação espontânea do julgado, sem a incidência da multa de 10% sobre o valor da condenação, prescinde da provocação do interessado, tanto no processo civil como no processo do trabalho, consoante disposto na primeira parte do art. 475-J do CPC.

Já a deflagração no processo civil da fase executória propriamente dita, definitiva ou provisória, depende de provocação do interessado. Quanto à definitiva, diz a última parte do art. 475-J que, "a requerimento do credor", será expedido "mandado de penhora e avaliação. Quanto à provisória, dispõe o art. 475-O, I, que a execução provisória correrá por conta e "iniciativa" do exequente.

No processo do trabalho a questão assume outro significado. Contudo, o ponto convergente com o processo civil refere-se ao cumprimento espontâneo do julgado, sem a incidência do *plus* de 10% sobre a condenação, seja em sede de execução definitiva ou provisória, prescindir da provocação do interessado. Basta intimar-se o executado por carta registrada munida de aviso de recebimento, ou o advogado constituído, da sentença liquidada para satisfação do julgado.

Voltando à peculiaridade havida no processo do trabalho, sabe-se que, nos termos do art. 878[23] do texto consolidado, em regra a execução definitiva pode (e deve) acontecer por incoação do Juízo. A natural indagação seria a possibilidade de essa prerrogativa abranger também a execução provisória, pois, naturalmente, quem poderia o mais (a execução definitiva), poderia o menos (a execução provisória).

Tal questão não merece ser tratada com essa simplicidade. A razão é bem simples. Como visto em momento anterior, e conforme ainda será repisado posteriormente, a execução provisória, no processo civil e laboral, deixou de ser classificada como mero instrumento cautelar de preparação à realização da execução definitiva, convolando-se em verdadeira antecipação satisfativa do bem da vida pretendido, observando-se as salvaguardas exigidas por essa modalidade, conforme será apresentado oportunamente[24].

---

(23) "Art. 878. A execução poderá ser promovida por qualquer interessado, ou *ex officio* pelo próprio Juiz ou Presidente ou Tribunal competente, nos termos do artigo anterior".

(24) Nesse sentido, utilizando argumentos distintos, *vide* TEIXEIRA FILHO, Manoel Antonio. *Execução no processo do trabalho*. 5. ed. São Paulo: LTr, 1995. p. 189.

Dessarte, tal satisfação poderá trazer prejuízos ao exequente que assumiu o risco de deflagrar os atos executivos havendo ainda decisão pendente de recurso, portanto, passível de ser reformada[25].

O interessado poderá simplesmente optar por aguardar decisão definitiva, transitada em julgado, ou até mesmo protelar o início da execução provisória para após apreciação da questão pela segunda instância (*v. g.*, executar provisoriamente apenas na pendência de recurso extraordinário ou recurso de revista), compreendendo que as chances de reversão do quadro processual existentes mínguam consideravelmente após confirmação da decisão colegiada, executada provisoriamente, pelo segundo grau de jurisdição, principalmente porque não haverá mais a possibilidade de reexame de questões fáticas e provas (Súmula n. 126 do TST)[26].

Assim, execução provisória de cunho satisfativo no processo do trabalho, como assim deve ser considerada, não pode ser deflagrada de ofício pela jurisdição[27], sob pena de a União arcar com possíveis prejuízos havidos ao executado em caso de reversão da decisão provisória anteriormente executada de maneira definitiva.

A execução provisória trabalhista deve ser compreendida como completa, isto é, execução de decisão provisória, porém de efeitos definitivos, consoante já tratado anteriormente, e conforme será mais bem desenvolvido no próximo item.

4.5. Execução completa. *Caput* do art. 475-O e art. 899 da CLT

Esse item deve ser iniciado com a transcrição de dois trechos de dispositivos legais do CPC:

> "Art. 475-O. A execução provisória da sentença far-se-á, no que couber, do mesmo modo que a definitiva..."
>
> "III – o levantamento de depósito em dinheiro e a prática de atos que importem alienação de propriedade ou dos quais possa resultar grave dano ao executado dependem de caução suficiente e idônea, arbitrada de plano pelo juiz e prestada nos próprios autos."

Há pouco tempo a doutrina processual laboral discutia, com bastante veemência, se a expressão "até a penhora" do art. 899 da CLT significava ponto limite e derradeiro

---

(25) Em sentido similar manifesta-se MORI, Amaury Haruo. Execução trabalhista. In SANTOS, José Aparecido dos (coord.). *Execução trabalhista*: homenagem aos 30 anos da AMATRA IX. São Paulo: LTr, 2008. p. 697.

(26) Súmula n. 126 do TST – RECURSO – CABIMENTO. Incabível o recurso de revista ou de embargos (arts. 896 e 894, *b*, da CLT) para reexame de fatos e provas.

(27) Nesse sentido, dentre outros: BEBBER, Júlio César. *Op. cit.*, p. 85; SCHIAVI, Mauro. *Op. cit.*, p. 731. Em sentido contrário, salienta Antônio Álvares da Silva: "O art. 899, ao dar aos recursos trabalhistas o efeito devolutivo e permitir a execução até a penhora, autoriza a dedução necessária de que a execução provisória pode ser instituída automaticamente pelo juiz". In: *Execução provisória trabalhista depois da reforma do CPC*. São Paulo: LTr, 2007. p. 55.

à execução provisória, ou se tal dispositivo deveria ser compreendido como uma "penhora escoimada de dúvidas ou vícios"[28], isto é, aperfeiçoada pelo julgado dos embargos à execução, ou do agravo de petição que objurgou tais embargos. Ficava a execução provisória restrita à chamada fase instrutória, nesse caso penhora, escoimada ou não de possíveis vícios.

Essa discussão merece apenas ser mencionada como registro histórico. O desafio atual é buscar adequar o perfil da fase executiva provisória do processo civil alterada substancialmente após a edição da Lei n. 10.444/2002, concepção mantida e aperfeiçoada pela Lei n. 11.232/2005, ao processo do trabalho, observando, obviamente, as peculiaridades deste.

Como visto, o marco alterante da execução havida por intermédio da Lei n. 10.444/2002 foi profundo, pois, foi reconhecida a possibilidade de o exequente "satisfazer-se mesmo antes de encerrado o seguimento recursal"[29], por intermédio das medidas satisfativas dispostas no inciso III do dispositivo legal já transcrito.

Voltando à questão da compatibilização desse regime hodierno ao processo do trabalho, salienta-se que a redação da segunda parte do art. 899 da CLT, impondo a penhora, aperfeiçoada ou não (escoimada ou não de possíveis vícios), como limite da execução, a par da justificativa histórica já mencionada, merece interpretação em consonância com os valores constitucionais e processuais modernos até o momento apresentados.

Isto significa, além de outras consequências, o total banimento, também no processo do trabalho, da idéia de execução provisória conservativa e despida da realização de atos expropriatórios. Claro que as salvaguardas necessárias à efetivação destes atos também têm previsão legal e devem incidir, com as devidas adequações apreciadas nos próximos itens do presente, no processo laboral.

A idéia de execução completa (de sentença, acórdão ou decisão interlocutória), conforme apresentada em momento anterior, como sendo aquela "fundada em título provisório"[30], cujos efeitos produzidos, por outro lado, não podem ser simplesmente considerados provisórios, é corroborada pelos dispositivos legais mencionados, pois é realizada do mesmo modo da definitiva e admite a prática de atos que importem alienação de propriedade.

Portanto, o escopo da execução provisória (fulcrada em decisão provisória) é idêntico ao da definitiva, pois busca a "satisfação do direito do credor, embora esta satisfação, na execução provisória, não seja 'definitiva'".[31]

---

(28) GIGLIO, Wagner. *Direito processual do trabalho.* 11. ed. São Paulo: Saraiva, 2000. p. 481.

(29) BUENO, Cassio Scarpinella. *A nova etapa da reforma do Código de Processo Civil.* v. 1. São Paulo: Saraiva, 2006. p. 153.

(30) SHIMURA, Sérgio. *Título executivo.* São Paulo: Saraiva, 1997. p. 121.

(31) GUERRA, Marcelo Lima. Reflexões em torno da distinção entre execução provisória e medidas cautelares antecipatórias. In: *Revista de Processo — REPRO.* n. 57. São Paulo, 1990. p. 210.

Vislumbra-se em parte da doutrina processual laboral certo receio em defender a execução provisória completa ou satisfativa, pois, de início, defendem a interpretação do art. 899 da CLT que possibilite o julgamento de todos os incidentes relacionados à penhora, para depois também afirmarem a compatibilidade, total ou parcial, do regramento do art. 475-O do CPC nessa seara processual.

Não há como compatibilizar tais posições. Ou se sustenta a interpretação clássica do art. 899 da CLT, isto é, execução provisória meramente conservativa, sendo a penhora aperfeiçoada ou não, ou peleja-se a favor da incidência, parcial ou total, do novel regramento do processo civil brasileiro. Impossível compatibilizá-las, por conta da disparidade dos limites de extensão desses modelos.

Dessa feita, de forma direta e sem maiores subterfúgios, mostra-se plenamente conciliável com a idéia da leitura constitucional do princípio da subsidiariedade, consoante mostrado nas primeiras linhas do presente, dos dispositivos em apreço no processo do trabalho, principalmente em razão da "relevante função social da execução trabalhista e do caráter alimentar do crédito trabalhista"[32]. Ou seja, a execução completa fundada em decisão provisória, conforme disposto no art. 475-O do CPC, mostra-se "plenamente compatível com o processo do trabalho"[33].

Porém, há de se salientar que, malgrado a execução provisória aconteça do mesmo modo da definitiva, existem, como dito anteriormente, salvaguardas necessárias e naturalmente decorrentes dos atos satisfativos, no paradigma de satisfação provisória, apreciadas no próximo item, que acabam por diferenciar tais modelos. Óbvio que o modelo satisfativo da execução provisória acaba por exigir a existência desses verdadeiros muros de contenção, para o caso de reforma da decisão provisoriamente adimplida, e com o fito de evitar, ou pelos menos contornar, os prejuízos gerados.

O desafio, portanto, será verificar a compatibilização dessas salvaguardas com o processo laboral.

4.6. Sistemática da caução e a sua dispensabilidade

Eis os incisos e parágrafos do art. 475-O do CPC que tratam dessa questão:

> "III – o levantamento de depósito em dinheiro e a prática de atos que importem alienação de propriedade ou dos quais possa resultar grave dano ao executado dependem de caução suficiente e idônea, arbitrada de plano pelo juiz e prestada nos próprios autos.
>
> § 2º A caução a que se refere o inciso III do *caput* deste artigo poderá ser dispensada:
>
> I – quando, nos casos de crédito de natureza alimentar ou decorrente de ato ilícito, até o limite de sessenta vezes o valor do salário-mínimo, o exequente demonstrar situação de necessidade;

---

(32) SCHIAVI, Mauro. *Op. cit.*, p. 732.
(33) SILVA, Antônio Álvares da. *Op. cit.*, p. 54.

II – nos casos de execução provisória em que penda agravo de instrumento junto ao Supremo Tribunal Federal ou ao Superior Tribunal de Justiça (art. 544), salvo quando da dispensa possa manifestamente resultar risco de grave dano, de difícil ou incerta reparação".

A segunda parte do art. 475-O, III, menciona expressamente regra geral de que os atos satisfativos devem ser realizados em sede de execução provisória "dependem de caução suficiente e idônea", a ser arbitrada de ofício pelo juízo e prestada nos próprios autos.

O regramento anterior (art. 588, II) exigia "caução idônea, requerida e prestada nos próprios autos". O atual aboliu a necessidade de a caução ser requerida nos autos da execução.

Prestar caução[34] significa garantir o interesse do executado em razão do risco processual decorrente da prática de atos satisfativos (levantamento de depósito em dinheiro, atos que importem alienação de propriedade, ou qualquer outro de cunho satisfativo capaz de causar "grave dano ao executado"), atuando tal prática "como elemento de compensação e equilíbrio de riscos"[35], verdadeira "cautela da cautela ou simplesmente contra-cautela"[36]. Em outras palavras, confere ao executado provisoriamente a garantia de que, na hipótese de eventual alteração do provimento jurisdicional justificador da execução, possível será a "restituição das coisas ao *status quo ante*".[37]

A suficiência e idoneidade dessa caução significam a possibilidade de assegurar ao devedor executado a integral reparação pelos danos causados com a iniciativa de executar provisoriamente adotada pelo exequente; um verdadeiro retorno ao estado anterior.

A caução nada mais é do que um instituto de natureza cautelar[38], que visa a resguardar o resultado útil do provimento principal. Nesse caso tal resultado útil está relacionado com a possibilidade de o exequente provisório causar graves prejuízos ao executado antes do trânsito em julgado da lide.

---

(34) "Caução sf. 1. cautela, precaução. 2. Garantia, segurança. 3. Depósito feito em garantia de pagamento futuro, ou de cumprimento de contrato ...". FERREIRA, Aurélio Buarque de Holanda. *Miniaurélio*. 6. ed. Curitiba: Posigraf, 2004. p. 220.

(35) DINAMARCO, Cândido Rangel. *A reforma da reforma*. 3. ed. São Paulo: Malheiros, 2002. p. 258.

(36) LUCON, Paulo Henrique dos Santos. *Op. cit.*, p. 414.

(37) BUENO, Cassio Scarpinella. *Execução provisória e antecipação da tutela: dinâmica do efeito suspensivo da apelação e da execução provisória: conserto para a efetividade do processo*. São Paulo: Saraiva, 1999. p. 115.

(38) Nesse mesmo sentido, dentre outros: BEDAQUE, José Roberto dos Santos. *Tutela cautelar e tutela antecipada: tutelas sumárias e de urgência (tentativa de sistematização)*. 3. ed. São Paulo: Malheiros, 2003. p. 198; RIBEIRO, Leonardo Ferres da Silva. *Execução provisória no processo civil*. São Paulo: Método, 2006. p. 194.

O regime da exigência de caução é uma decorrência natural da possibilidade surgida por intermédio da Lei n. 10.444/2002 que permitiu a prática de atos satisfativos (entrega do bem da vida vindicado em sede jurisdicional), tais como o levantamento de dinheiro[39], quando ainda haja recurso a ser apreciado, e a consequente possibilidade desse provimento jurisdicional (sentença, acórdão ou decisão interlocutória) ser reformado.

Havia no processo civil antes da edição da Lei n. 11.232/2005 acirradas cizânias doutrinárias e jurisprudenciais acerca do momento em que tal caução deveria ser prestada (se desde a deflagração da via executiva provisória, ou no momento em que fosse vislumbrada a efetiva possibilidade de dano), forma da prestação dessa caução (apresentada ou não nos próprios autos da execução, sem maiores formalidades), além da obrigatoriedade ou não, em determinados casos específicos, da prestação dessa contracautela[40].

A clareza redacional do inciso III do art. 475-O parece ter arrefecido bastante o móvel de tais discussões.

Como visto, o regramento atual elenca três hipóteses que remetem à exigência de prévia caução, como diz o preceptivo legal citado, "suficiente e idônea". Duas hipóteses são objetivas, independentes das peculiaridades do caso concreto, salvo se caírem no regramento da dispensa, que será apresentado mais adiante. São elas: o levantamento de dinheiro e a prática de atos que importem "alienação de propriedade". Nesses dois casos, portanto, salvo em caso de dispensa de caução, exige-se a contracautela prévia à realização da entrega do bem da vida ao exequente de título de eficácia provisória.

Já a terceira hipótese, prevendo caução genericamente às situações que possam oferecer grave dano ao executado, verdadeira "norma de encerramento"[41], caracteriza-se como um "critério *ope judicis*"[42], cabendo à jurisdição, à luz da peculiaridade do caso posto e dos interesses em questão, definir pela exigência ou não da contracautela.

Tal norma de encerramento significa que o levantamento de dinheiro e a prática de atos que importem "alienação de propriedade" são meramente exemplificativos, pois a prática de qualquer outro ato que puder significar "grave dano ao executado" exigirá a prestação de caução arbitrada de ofício pelo Juízo.

De forma mais direta: a prática de qualquer ato satisfativo em sede de execução provisória que puder significar grave dano ao executado, inclusive o levantamento

---

(39) Como bem ressalta Cândido Rangel Dinamarco, o levantamento de dinheiro "é extraordinariamente perigoso para este, porque o *dinheiro voa* e depois fica muito difícil, senão impossível, reavê-lo em caso de execução desfeita". *Op. cit.*, p. 257.

(40) *Vide* a apresentação dessas controvérsias, em sede doutrinária e jurisprudencial, no ambiente processual civil, com bastante proveito, em HOFFMANN, Ricardo. *Op. cit.*, p. 104-115.

(41) DINAMARCO, Cândido Rangel. *Op. cit.*, p. 257.

(42) RIBEIRO, Leonardo Ferres da Silva. *Op. cit.*, p. 201.

de depósito de dinheiro e a prática de atos que importem alienação de propriedade, ensejará a exigência de caução suficiente e idônea prestada nos próprios autos e arbitrada de plano pelo Juízo. Esse é o regramento do processo civil.

O desafio agora será verificar a compatibilidade desse regramento com o processo do trabalho.

Com efeito, parte da doutrina argumenta acerca da impossibilidade de tal exigência, pois o credor sendo, na generalidade dos casos, o empregado, não teria condições de arcar com o dispêndio patrimonial da caução[43], significando, portanto, verdadeiro cerceamento da prerrogativa da incoação da execução provisória.

Talvez não seja o argumento mais substancioso, mais vale lembrar a impossibilidade de imprimir o critério da hipossuficiência na generalidade de reclamantes-empregados (na verdade, ex-empregados) quando se sabe que a alteração do art. 114 da Constituição Federal de 1988 por intermédio da Emenda Constitucional n. 45/2004, mais precisamente do inciso primeiro (ações oriundas da relação de trabalho...), admitirá aviamento de demandas por trabalhadores (não necessariamente empregados), v. g., por profissionais liberais, ne muito menos subsumidos à classe dos hipossuficientes[44]. Mas esse argumento, como dito, não é o mais forte.

A admissão da hipótese de execução completa de título provisório, conforme defendido em momento pretérito, significa a possibilidade de serem realizados atos satisfativos em sede provisória, motivo pelo qual fundamental ofertar-se garantia ao executado, caso essa decisão consiga ser revertida posteriormente. Ademais, como também afirmado, a execução provisória deverá ser deflagrada pelo interessado, que, para tanto, deverá oferecer contracautela à pretensão de antecipação do bem vindicado[45].

Mister, no próximo passo, apreciar hipóteses de dispensa da caução, além da possibilidade de compatibilidade desse regramento com o processo do trabalho.

4.6.1. Dispensa da caução

A dispensa de caução significa o reconhecimento pelo legislador que, em determinados casos, mesmo havendo a prática de atos satisfativos na pendência de julgamento de recurso, tal garantia deve ser dispensada "nos casos nos quais se

---

(43) Nesse sentido, dentre outros: TEIXEIRA FILHO, Manoel Antonio. Ob. cit., p. 188;A, Antônio Álvares da. *Op. cit.*, p. 60.

(44) De maneira similar LEITE, Carlos Henrique Bezerra. *Curso de direito processual do trabalho.* 5. ed. São Paulo: LTr, 2007. p. 896.

(45) Nesse sentido, dentre outros: CHAVES, Luciano Athayde. *A recente reforma no processo comum. Reflexos no direito judiciário do trabalho.* 3. ed. São Paulo: LTr, 2007. p. 47; LEITE, Carlos Henrique Bezerra. *Op. cit.*, p. 897; SCHIAVI, Mauro. *Op. cit.*, p. 733.

trate de propiciar ao credor, com rapidez, um mínimo patrimonial indispensável à vida decente"[46].

Há duas hipóteses para dispensa de caução (§ 2º do art. 475-O, incs. I e II).

A primeira dispõe acerca da dispensa da prestação da garantia nos casos de crédito de natureza alimentar, ou decorrente de ato ilícito, até o limite de sessenta salários mínimos, desde que o exequente demonstre situação de necessidade.

A segunda trata da dispensa quando houver agravo de instrumento manejado para destrancar recurso especial e extraordinário, respectivamente, junto ao STJ e STF, salvo quando dessa dispensa puder resultar risco de grave dano, de difícil ou incerta reparação.

Serão apreciadas de per si.

Quanto à primeira hipótese, ainda antes da vigência do regramento anterior do § 2º do art. 588 do CPC (admitia a dispensa da caução para créditos de natureza alimentar, até o limite de quarenta salários mínimos[47], quando restasse demonstrado estado de necessidade), a jurisprudência, notadamente do STJ, vinha mitigando tal exigência em favor da efetividade processual[48].

Essa hipótese apresenta requisitos cumulativos, isto é, caso o exequente demonstre situação de necessidade em demandas cujo valor da condenação deixar de ultrapassar sessenta salários mínimos, e desde que tais créditos caracterizarem-se como de natureza alimentar ou decorrentes de ato ilícito, mostra-se possível a dispensa da prestação da garantia.

Cada requisito merece breve explicação. Situação de necessidade significa a inevitabilidade de o exequente dispor daquele *quantum* disputado na jurisdição para sobreviver, podendo ser caracterizada "de maneira análoga ao que se dá com o benefício da assistência judiciária gratuita"[49] (art. 4º da Lei n. 1.060/1950), aplicando por analogia a OJ SBDI-1 n. 304[50], isto é, basta declarar-se expressamente tal situação de necessidade, cabendo à parte adversa provar o contrário. Créditos de natureza

---

(46) DINAMARCO, Cândido Rangel. *Op. cit.*, 258.

(47) Luiz Guilherme Marinoni sustenta que tal limite de 60 salários mínimos pode ser flexibilizado, pois a idéia de dispensar a caução "não tem relação com o valor da soma, mas sim com a necessidade do exequente, que pode ser de 20 ou de 80 salários mínimos (no caso em que, por exemplo, seja necessária uma operação cirúrgica)". *In Antecipação de tutela*. 9. ed. São Paulo: RT, 2006. p. 299.

(48) Nesse sentido LUCON, Paulo Henrique dos Santos. *Op. cit.*, p. 256.

(49) HOFFMANN, Ricardo. *Op. cit.*, p. 133.

(50) OJ SBDI-1 N. 304. HONORÁRIOS ADVOCATÍCIOS. ASSISTÊNCIA JUDICIÁRIA. DECLARAÇÃO DE POBREZA. COMPROVAÇÃO. Atendidos os requisitos da Lei n. 1.060/1950 (art. 14, § 2º), para a concessão da assistência judiciária, basta a simples afirmação do declarante ou de seu advogado, na petição inicial, para considerar configurada sua situação econômica (art. 4º, § 1º, da Lei n. 7.510/1986, que deu nova redação à Lei n. 1.060/1950). Nesse sentido BEBBER, Julio César. *Op. cit.*, p. 93.

alimentar podem ser simplificados como os típicos de ações alimentícias e os que derivam de relações de trabalho. Já os decorrentes de atos ilícitos são aqueles decorrentes de indenização por ato ilícito com evento fatal ou por perda ou redução de capacidade laboral da vítima.

Essa hipótese cabe como luva no processo do trabalho, pois, em razão da natureza alimentar do crédito trabalhista, além do incremento de ações indenizatórias nessa seara, e, primordialmente, por conta da — via de regra — presumida[51] situação de necessidade do exequente. Sem contar que boa parte das demandas trabalhistas não alcança patamar máximo exigido para dispensa da caução. "Aliás, é no processo do trabalho que este dispositivo deveria ter nascido"[52].

Portanto, se ao credor cível mostra-se possível a dispensa dessa contracautela na hipótese em destaque, com muito mais razão tal prerrogativa deve ser estendida ao credor laboral.

A segunda hipótese (art. 475-O, § 2º, II) consagra caso autônomo de dispensa de caução. Trata da pendência de agravo de instrumento destinado a destrancar recurso especial e extraordinário junto ao STJ e STF, salvo quando dessa dispensa puder resultar risco de grave dano, de difícil ou incerta reparação.

Tal hipótese albergada pelo legislador carrega a idéia, mencionada anteriormente, de que os recursos de índole extraordinária possuem poucas chances de sucesso[53] após a decisão que deixou de admiti-los no Tribunal de origem, motivo pelo qual, desde que a pendência desse recurso não detenha a capacidade de apontar risco de grave dano, de difícil ou incerta reparação, dispensa-se a caução, não importando a natureza (alimentar ou não) ou o valor do crédito, ainda que ultrapasse o teto de sessenta salários mínimos.

Possível obviamente adaptar tal dispositivo ao processo do trabalho, desde que se leia agravo de instrumento para destrancar recurso extraordinário para o STF ou agravo de instrumento para destrancar recurso de revista obstado no originário Juízo de admissibilidade.

Dessa feita, possível ao exequente alcançar satisfação, ainda na pendência de recurso, de condenação cujo valor, ao contrário da hipótese anterior, não se encontra amarrado ao limite de até 60 sessenta salários mínimos. Nesse caso, a justificativa do legislador deita raiz nas ínfimas chances de reversão da situação processual posta.

Contudo, caso tal reversão aconteça, ainda incide a salvaguarda da chamada responsabilidade objetiva, que será logo a seguir apreciada.

---

(51) Nesse sentido: CHAVES, Luciano Athayde. *Op. cit.*, p. 47.

(52) SILVA, Antônio Álvares da. *Op. cit.*, p. 53.

(53) Nesse sentido MARINONI, Luiz Guilherme; ARENHART, Sérgio Cruz. *Execução*. v. 3. São Paulo: RT, 2007. p. 363.

4.7. Responsabilidade objetiva e retorno das partes ao estado anterior

Os dispositivos legais que regram o presente item são os seguintes:

> "Art. 475-O, I – ... que se obriga, se a sentença for reformada, a reparar os danos que o executado haja sofrido;"
>
> "Art. 475-O, II – fica sem efeito, sobrevindo acórdão que modifique ou anule a sentença objeto da execução, restituindo-se as partes ao estado anterior e liquidados eventuais prejuízos nos mesmos autos, por arbitramento;"
>
> "§ 1º No caso do inciso II do *caput* deste artigo, se a sentença provisória for modificada ou anulada apenas em parte, somente nesta ficará sem efeito a execução."

Remanesce equívoco redacional havido desde o regramento originário desse instituto, qual seja, diz-se acerca da modificação da "sentença" objeto da execução provisória, quando se sabe que também as decisões interlocutórias e acórdãos são objeto de execução provisória[54], consoante apreciado em momento pretérito.

Na sistemática da execução provisória, desde o diploma anterior que regrava a matéria, o risco é atribuído ao credor, acarretando a responsabilidade patrimonial deste em caso de provimento do recurso pendente, nos termos do art. 475-O, I. Tal responsabilidade é objetiva.

A teoria do risco, justificadora da chamada responsabilidade objetiva[55], define que todo aquele praticante de determinada atividade cria "um risco de dano para terceiro e deve ser obrigado a repará-lo, ainda que a sua conduta se afaste da culpa".[56]

Em outras palavras, a reparação da lesão, em determinados casos, passaria a exigir apenas e tão-somente a constatação da existência do prejuízo e o nexo com a conduta do agente, desvinculando-se do elemento subjetivo — dolo ou culpa em sentido estrito.

---

(54) Nesse sentido Araken de Assis: "À incidência do art. 475-O, I, e, conseguintemente, ao nascimento do dever de indenizar bastará, ante a natureza da responsabilidade, a reforma do provimento (sentença, decisão ou acórdão) em que se fundou a execução". *Op. cit.*, p. 151.

(55) "... o certo é que foram os franceses os divulgadores da teoria objetiva, devendo ao seu trabalho de sistematização o impulso tomado pela teoria de Salleiles e Josserand, vultos dos mais expressivos da ciência jurídica, foram os precursores da teoria do risco, nome com que se assentou na literatura francesa a ordem de idéias afins das defendidas pelos autores alemães. Não se pode negar a inspiração do positivismo penal em alguns partidários da doutrina do risco. Mas é preciso, desde logo, estabelecer que essa influência não foi tão grande quanto parece aos Mazeaud e a outros defensores da teoria da culpa, empenhados em atribuir à corrente objetivista uma tendência materialista que repugna, de imediato, ao espírito jurídico." DIAS, José de Aguiar. *Da responsabilidade civil*. 6. ed. Rio de Janeiro: Forense, 1995. p. 57.

(56) VIEIRA, Patrícia Ribeiro Serra. *A responsabilidade civil objetiva no direito de danos*. Rio de Janeiro: Forense, 2005. p. 67.

A codificação civil de 1916, fortemente influenciada pelo Direito francês, adotou o elemento volitivo (dolo ou culpa em sentido estrito) como fundamento[57] da responsabilidade civil (art. 159).

Já o Código Civil de 2002 afastou a orientação do diploma revogado e consagrou expressamente a teoria do risco, entabulando, ao lado da responsabilidade subjetiva, também a objetiva, conforme previsão expressa do parágrafo único do art. 927[58].

Voltando à sistemática da responsabilidade objetiva incidente sobre o regime de execução provisória, tal modalidade de reparação mostra-se inteiramente pertinente porque o exequente criou, ao deflagrar por sua iniciativa essa via provisória, risco de dano à parte adversa, e esse dano materializou-se no momento da reforma da decisão executada, "porque o executado nada fez para provocar o dano, nem se encontrava em posição de impedi-lo"[59].

Considerando os balizamentos inovadores colados na sistemática executiva provisória do processo do trabalho, além da caracterização dela como execução completa de título provisório, mais do que óbvio que o regime da responsabilização objetiva do autor da deflagração da execução provisória, cuja decisão foi posteriormente reformada, mostra-se de inquestionável incidência na seara laboral, ainda que sirva à satisfação de créditos de natureza alimentar[60], reflexo do regime de provável invasão patrimonial quando ainda pender recurso a ser julgado.

4.7.1. Retorno das partes ao estado anterior e o dever de reparar o dano

Diz o art. 475-O, II, que a execução fundada em título provisório "fica sem efeito, sobrevindo acórdão que a modifique ou anule a sentença (na verdade, decisão interlocutória, sentença ou acórdão) objeto da execução", restituindo as partes ao estado anterior, e sendo os "eventuais prejuízos" liquidados nos mesmos autos, por arbitramento.

Sejam quais forem as características coladas ao regime da execução provisória, há dois caminhos distintos que podem ser trilhados.

---

(57) "O direito pátrio baseia na culpa a responsabilidade delitual. Nenhuma dúvida se pode ter, com a leitura do art. 159, do Código Civil, de que aceitou a teoria subjetivista." GOMES, Orlando. *Obrigações*. 8. ed. Rio de Janeiro: Forense, 1992. p. 344.

(58) Art. 927, parágrafo único: "Haverá obrigação de reparar o dano, independentemente de culpa, nos casos especificados em lei, ou quando a atividade normalmente desenvolvida pelo autor do dano implicar, por sua natureza, riscos para os direitos de outrem."

(59) ASSIS, Araken de. *Op. cit.*, p. 151.

(60) Registre-se a existência de corrente doutrinária que afasta, de regra, em caso de execução de crédito de natureza alimentar, o regime da responsabilização, pois os alimentos se apresentariam em princípio "irrepetíveis". *Vide*, dentre outros, PORTO, Sérgio Gilberto. *Doutrina e prática dos alimentos*. 3. ed. São Paulo: RT, 2000. p. 37.

No primeiro o executado alcança êxito no recurso pendente, alterando a realidade processual, e gerando consequências fáticas à via executiva de decisão provisória deflagrada por sua iniciativa.

No segundo caminho o provimento executado é atingido pela confirmação do julgamento recursal, alcançado a qualidade de coisa julgada. Neste caso, a execução provisória transmudar-se-á automaticamente para definitiva, e, dependendo do estágio executivo, o feito será extinto, desfazendo-se a caução eventualmente prestada.

Quanto ao provimento do recurso pendente, necessário distinguir entre a reforma total e parcial. No caso desta, a execução prossegue, na condição de definitiva no tocante ao crédito remanescente, exsurgindo ao executado a pretensão à liquidação do dano, por arbitramento, quanto aos danos eventualmente causados ao devedor "em razão da execução provisória daquela parte que foi posteriormente reformada"[61]. Caso haja reforma total, a execução provisória será extinta, nascendo a pretensão à liquidação dos danos em proveito do anterior executado, bem como a necessidade do retorno ao estado anterior e/ou indenização. O móvel desta acontece ante a impossibilidade de retorno do *status quo ante*.

O retorno ao estado anterior significa a viabilidade da volta "ao estado material que era anterior à execução"[62]. Mesmo nesta hipótese, caso ainda remanesça eventual dano, devida também será a indenização. Em outras palavras: quando o retorno ao estado material anterior à deflagração dos atos satisfativos for viável, e ainda assim remanesça eventual dano, a parte deverá ser indenizada dos danos que lhe forem provocados.

Exemplificando: os bens penhorados e ainda não alienados são liberados, considerando ausência de prejuízo decorrente da formalização dessa penhora; as obrigações específicas impostas são obstadas, sem embaraço da quantificação dos eventuais prejuízos causados pela imposição daquele comportamento específico; no caso de levantamento de dinheiro, deve-se haver a restituição do valor levantado, devidamente corrigido, além da indenização pelos possíveis danos causados. Quando tal restituição não se mostrar possível, deve-se arbitrar indenização visando à reparação dos danos causados.

Ainda, destaca-se alteração ocorrida no revogado inciso III do art. 588, por intermédio da Lei n. 10.444/2002, mantida na redação do inciso II do art. 475-O, em que foi substituída a palavra "coisas" ("restituindo as coisas ao estado anterior") pela palavra "partes" ("restituindo-se as partes ao estado anterior").

Tal alteração, conforme sustentado por abalizada doutrina[63], corretamente — diga-se de passagem, significa que possíveis atos satisfativos acontecidos em

---

(61) SILVA, Leonardo Ferres da. *Op. cit.*, p. 204.

(62) MARINONI, Luiz Guilherme; ARENHART, Sérgio Cruz. *Op. cit.*, p. 366.

(63) Vamos à citação literal: "A restituição das partes ao estado anterior, diferentemente da restituição das coisas ao estado anterior, tal como previa o art. 588 do CPC em sua redação original, faz com que a decisão do tribunal — que tenha modificado ou anulado a sentença executada (ou o acórdão executado) "provisoriamente até o final", isto é, com atos de expropriação já consolidados alcance

sede de execução provisória não alcancem relações jurídicas entabuladas com terceiros de boa-fé, como por exemplo, aquisição de bens por estes em hasta pública[64] realizada ainda em execução provisória.

Noutro falar, o retorno ao estado anterior, em razão de provimento recursal, cinge-se aos atores do conflito jurisdicional (exequente e executado). O terceiro, como no caso de arrematante de bem em hasta pública, nada sofrerá com tal revés processual, devendo ser reputado como "proprietário perfeito"[65], pois, não havia nenhum óbice ao referido no momento em que adquiriu tal bem, motivo pelo qual não deverá ser punido pela prática de um ato lícito.

Óbvio que a lógica ora apresentada mostra-se integralmente aplicável ao processo do trabalho, considerando modelo executório completo de decisão provisória que vem se pretendendo imprimir nessa seara processual ao longo do presente trabalho.

Nesse eito, o regime da responsabilização objetiva, retorno das partes (não terceiros) ao estado anterior e o sistema de caução e sua dispensa aplica-se integralmente ao processo do trabalho.

4.8. Penhora em dinheiro em sede de execução de decisão de eficácia provisória no processo do trabalho

O TST firmou entendimento consolidado acerca da impossibilidade de a penhora incidir sobre pecúnia em sede de execução provisória. Eis a íntegra da Súmula n. 417, *verbis*:

> "I – Não fere direito líquido e certo do impetrante o ato judicial que determina penhora em dinheiro do executado, em execução definitiva, para garantir crédito exequendo, uma vez que obedece à gradação prevista no art. 655 do CPC. (ex-OJ n. 60 – inserida em 20.9.00)
>
> II – Havendo discordância do credor, em execução definitiva, não tem o executado direito líquido e certo a que os valores penhorados em dinheiro fiquem depositados no próprio banco, ainda que atenda aos requisitos do art. 666, I, do CPC. (ex-OJ n. 61 – inserida em 20.9.00)

---

apenas as partes e não terceiros adquirentes dos bens levados a hasta pública, por exemplo. Assim, restituição das partes ao estado anterior significa a restituição ao devedor do valor do bem que lhe tenha sido penhorado ou a reposição do *quantum* que tenha sido levantado". WAMBIER, Luiz Rodrigues; WAMBIER, Teresa Arruda Alvim; MEDINA, José Miguel Garcia. *Breves comentários à nova sistemática processual civil*. v. 1. São Paulo: RT, 2006. p. 184.

(64) O art. 686, IV, com redação dada pela Lei n. 11.382/2006 passou a nominar de "praça" a hasta pública do bem imóvel e "leilão" a hasta pública do bem móvel.

(65) "Substancialmente, contudo, incidirá por analogia o art. 1.360 do CC de 2002, segundo o qual, resolvido o domínio 'por outra causa superveniente' — no caso, o provimento do recurso pendente —, se reputará o adquirente anterior à resolução 'proprietário perfeito', restando ao prejudicado o caminho das perdas e danos". ASSIS, Araken de. *Op. cit.*, p. 160.

III – Em se tratando de execução provisória, fere direito líquido e certo do impetrante a determinação de penhora em dinheiro, quando nomeados outros bens à penhora, pois o executado tem direito a que a execução se processe da forma que lhe seja menos gravosa, nos termos do art. 620 do CPC. (ex-OJ n. 62 – inserida em 20.9.00)"

Há diversos argumentos que ratificam a necessidade dessa posição jurisprudencial consolidada ser revisitada, considerando a construção feita ao longo do presente trabalho acerca da possibilidade de aplicação, com as devidas adequações, do regramento da execução de decisão provisória construído pelo processo civil, notadamente no que tange à antecipação da satisfação do exequente, caução e sua dispensabilidade, além da responsabilidade objetiva, senão vejamos.

Primeiro, e talvez o mais óbvio, decorre do fato de a execução provisória acontecer do mesmo modo que a definitiva[66], conforme ressalta a cabeça do art. 475-O, significando, por consequência, a possibilidade do levantamento de depósito em dinheiro (inciso III do mesmo dispositivo legal). Logo, havendo a possibilidade de realização de atos satisfativos nesse momento processual, a penhora em dinheiro seria apenas o primeiro passo para alcançar a satisfação direta da pretensão do exequente.

O segundo argumento encontra-se disposto no inciso I do art. 655 do CPC, com redação alterada pela Lei n. 11.382/2006[67]. O *caput* desse dispositivo dispõe expressamente que o dinheiro (em espécie, depósito ou aplicação em instituição financeira[68]) é o primeiro bem na ordem de preferência à penhora, pouco importando, portanto, quem indique os bens a serem penhorados e até quem os penhore. "O legislador fez uma opção, fez uma avaliação e ela deve ser observada pelo intérprete e pelo aplicador do direito na normalidade dos casos[69]. Tal construção aplica-se na inteireza no processo do trabalho[70].

O terceiro, e derradeiro, trata da possível incidência do disposto no art. 620 do CPC em sede de execução provisória, o que vedaria a possibilidade da penhora incidir sobre dinheiro, depósito ou aplicação financeira.

---

(66) Nesse mesmo sentido, SCHAVI, Mauro. *Op. cit.*, p. 899.

(67) "Art. 655. A penhora observará, preferencialmente, a seguinte ordem: I – dinheiro, em espécie ou depósito ou aplicação em instituição financeira."

(68) Vale salientar, mesmo *en passant,* pois não há espaço suficiente para construir tal argumento de forma mais aprofundada, que o disposto no inciso X do art. 649 do CPC tem ampla aplicação no processo do trabalho, isto é, admite-se a penhora de valores depositados em caderneta de poupança acima do limite de quarenta salários mínimos. Em sentido contrário MALLET, Estevão. Novas modificações no Código de Processo Civil e o processo do trabalho – Lei n. 11.382/2008. In: *Revista LTr,* ano 71, n. 05, maio 2007. p. 520.

(69) BUENO, Cassio Scarpinella. *A nova etapa da reforma do Código de Processo Civil.* v. 3. São Paulo: Saraiva, 2007. p. 104.

(70) SCHAVI, Mauro. *Op. cit.*, p. 736.

Diz tal dispositivo de lei que, "quando por vários meios o credor puder promover a execução, o juiz mandará que se faça pelo modo menos gravoso para o devedor", consagrando o chamado princípio da não prejudicialidade ao devedor.

Antes de afastar a incidência desse princípio, na forma como estampado no art. 620 do CPC, no processo laboral, considerando peculiaridades deste, destaca-se que mesmo no processo civil tal princípio merece leitura renovada considerando nova redação do art. 655 do CPC, bem como princípios constitucionais da efetividade da atividade jurisdicional e duração razoável do processo.

Ou seja, ainda que não se afaste totalmente a necessidade de se concretizar a execução "pelo modo menos gravoso ao devedor", há de prevalecer os princípios constitucionais da efetividade e duração razoável do processo, que acabam por reforçar ainda mais a extensão que o disposto no art. 655 do CPC merece alcançar. Ademais, tal princípio precisa ser sopesado em conjunto com o princípio da utilidade do resultado da execução para o exequente (§§ 2º e 3º do art. 659 do CPC).

No âmbito processual laboral a força, já esmaecida, desse princípio no processo civil, tende a desaparecer por completo.

Vale lembrar que a concepção originária do processo civil tem em conta a suposta paridade (igualdade formal) de forças entre as partes litigantes, enquanto no processo do trabalho o credor é hipossuficiente, "que normalmente se vê em situação humilhante, vexatória, desempregado, e não raro, faminto"[71], logo, merece tratamento distinto.

Nesse eito, tem-se pela total inaplicabilidade do princípio insculpido no art. 620 do CPC no processo do trabalho[72].

Aliás, na bem abalizada doutrina de *Carlos Henrique Bezerra Leite*, tal princípio no processo do trabalho poderia ser inscrito da seguinte maneira: "*a execução deverá ser processada de maneira menos gravosa ao credor*"[73].

Portanto, a posição consolidada do TST merece ser revista, pois deixou de retratar a evolução que o processo do trabalho necessariamente deverá trilhar.

Também merece revisão a posição do TST, consolidada por intermédio do Provimento que regulamentou o uso do sistema *Bacen Jud*, conhecido usualmente por "penhora *on line*", que vedou a expedição de ordem judicial de bloqueio de valores em sede de execução provisória.[74]

---

(71) LEITE, Carlos Henrique Bezerra. *Op. cit.*, p. 904.

(72) Nesse mesmo sentido temos, dentre outros, SCHIAVI, Mauro. *Op. cit.*, p. 736.

(73) LEITE, Carlos Henrique Bezerra. *Op. cit.*, p. 904.

(74) O Tribunal Regional do Trabalho da 8ª Região decidiu de maneira distinta da posição consolidada pelo Tribunal Superior do Trabalho, corroborando os argumentos aqui vertidos, senão vejamos: "EXECUÇÃO PROVISÓRIA. PENHORA *ON-LINE*. Por força do art. 475-O, do CPC, com a redação dada pela Lei n. 11.232, de 22.12.2005 — que adotou idêntico critério antes previsto no art. 588, do CPC, com a

O processo do trabalho mostrou-se de vanguarda[75] ao adotar tal ferramenta há alguns anos, que, diga-se de passagem, vem se mostrando bastante eficaz.

Considerando novel construção proposta à execução provisória, não há razão para deixar-se de utilizar a prerrogativa do bloqueio pela via virtual, considerando, inclusive, aperfeiçoamentos havidos no regramento dessa medida pelo TST, além da farta experiência haurida pela magistratura trabalhista ao longo desses anos.

Corroborando tal posição ora defendida, basta imaginar-se execução provisória que não atinja sessenta salários mínimos em desfavor de uma empresa de grande porte e saúde financeira, tais quais as instituições bancárias desse País.

Qual seria a razoabilidade de não se fazer incidir a ordem de preferência do art. 655 do CPC, aplicado por subsidiariedade ao processo do trabalho, ainda que em sede de execução provisória?

E mais. Em razão da recalcitrância desse executado, de notável capacidade econômica, por qual motivo se deixaria de realizar o bloqueio pela via virtual dessa insignificante quantia para esse devedor?

Sob nenhuma luz, consegue-se visualizar a impossibilidade de serem materializadas tais práticas nessas condições.

Óbvio que o credor-exequente não pode assumir sozinho o ônus do tempo do processo, enquanto a parte usa de todo o arsenal recursal disponível para protelar a satisfação do julgado.

4.9. Execução provisória de decisões interlocutórias de obrigações de pagar e específicas no processo do trabalho

Ao mesmo tempo em que a reforma bem delimitou o campo de ambiência das execuções fundadas em títulos executivos judiciais, com reconhecimento expresso do sincretismo procedimental, como visto, acabou por delimitar regimes jurídicos

---

redação preconizada pela Lei n. 10.444, de 7.5.2002 —, a penhora sobre dinheiro, em sede de execução provisória, não viola direito líquido e certo quando não implementados atos de alienação de domínio, além de que a pretensão de substituir a penhora de dinheiro por outros bens contraria a ordem de gradação prevista no art. 655 do CPC, conforme art. 882, da CLT. Esse entendimento não viola o princípio da execução menos gravosa, de que trata o art. 620 do CPC, ou item III da Súmula n. 417, do Colendo TST. No direito processual do trabalho, a execução deve ser promovida pelo modo mais favorável ao trabalhador e em benefício do objetivo da função social do processo. Segurança denegada." Seção Especializada I do Tribunal Regional do Trabalho da Oitava Região. Proc. TRT/SE I/MS 00459-2008-000-08-00-5. DJ/PA 4.9.2008.

(75) O processo civil há pouco tempo, e ainda de forma tímida, copiou tal sistemática, com o advento da Lei n. 11.382/2006. Diz o art. 655-A: "Para possibilitar a penhora de dinheiro em depósito ou aplicação financeira, o juiz, a requerimento do exequente, requisitará à autoridade supervisora do sistema bancário, preferencialmente por meio eletrônico, informações sobre a existência de ativos em nome do executado, podendo no mesmo ato determinar sua indisponibilidade, até o valor indicado na execução."

(bem) distintos às tutelas executivas de obrigações específicas (fazer, não fazer, entregar coisa) em relação àquelas estampadas em sentenças de quantia.

A Lei n. 11.232/2005 entabulou regime específico às execuções das chamadas sentenças de quantia, cujo regramento encontra-se plasmado no art. 475-J e seguintes. Nas execuções de tutelas específicas o regime executivo, como salientado ao longo do presente, faz-se consoante os arts. 461 e 461-A.

São caminhos completamente distintos.

Portanto, a efetivação da obrigação específica é caracterizada como efeito da decisão, via de consequência, prescindindo de requerimento formal para o início dessa transformação.

Já a execução de sentença de quantia necessita ser expressamente provocada pelo interessado (art. 475-J), após o transcurso da fase de cumprimento voluntário do julgado. No processo do trabalho tal não acontece, pois, usualmente o juízo deflagra a via executiva de ofício (art. 878 da CLT).

Há possibilidade de concessão de antecipação de tutela genérica (art. 273 do CPC) voltada às obrigações de pagar, assim como antecipação de tutela específica (regime do art. 461 do CPC) dirigida às obrigações específicas, ambas plenamente aplicáveis no processo do trabalho.

Ressalte-se, também, que à realização dessa antecipação de tutela genérica possível utilizar-se das medidas de apoio previstas nas chamadas tutelas específicas do art. 461, §§ 4º e 5º e 461-A, conforme dispõe expressamente o § 3º do art. 273. Aliás, há uma erronia nesse dispositivo legal, pois ainda menciona o art. 588 do CPC revogado pela Lei n. 11.232/2006.

Chegou, então, o momento de apreciar os regimes distintos de execução ou efetivação provisória de decisões interlocutórias aparelhadas de obrigações de pagar ou específicas.

4.9.1. *Execução provisória de decisão interlocutória de obrigação de pagar*

De maneira bem singela, pode-se dizer que a antecipação de tutela "precipita a produção dos efeitos práticos"[76] de um provimento jurisdicional (neste momento se está a analisar as decisões interlocutórias).

Tal "precipitação" também poderá acontecer quando se tratar de soma em dinheiro, isto é, tutela antecipatória de soma em dinheiro[77], observando-se os princípios "da finalidade e o da adequação das formas"[78]. O primeiro ressalta a

---

(76) BUENO, Cássio Scarpinella. *Tutela antecipada*. 2. ed. São Paulo: Saraiva, 2007. p. 33.

(77) Nesse sentido, dentre outros, MARINONI, Luiz Guilherme. *Antecipação da tutela*. 9. ed. São Paulo: RT, 2006. p. 263.

(78) ZAVASCKI. Teori Albino. *Antecipação da tutela*. 5. ed. São Paulo: Saraiva, p. 97.

necessidade dos atos executivos serem praticados pela maneira que melhor atenda o fulcro da medida antecipatória. O segundo persegue a compatibilidade do procedimento com o conteúdo das providências a serem realizadas.

No processo do trabalho a efetivação de antecipação de soma em quantia pode dar-se de pelo menos duas maneiras: 1. Utilizando-se o regramento previsto no art. 475-O da execução provisória, acompanhado das salvaguardas desse sistema, conforme observado ao longo do presente trabalho, forte no § 3º do art. 273[79]; 2. Por intermédio da prerrogativa do bloqueio *on line* pelo sistema Bacen Jud, observando-se também as salvaguardas do regime de execução provisória.

A segunda opção parece ser mais efetiva ao processo do trabalho, considerando a prática adquirida pela magistratura trabalhista na utilização desse sistema virtual ao longo desses anos.

Ressalta-se que o bloqueio (posteriormente convolado em penhora) é gatilho para se alcançar a efetiva satisfação da pretensão executiva do exequente (art. 475-O, III), sem descurar das mencionadas salvaguardas impostas pelo sistema.

Imagine-se empresa que deixa de pagar salários a empregados detentores de garantia de emprego, por mera emulação. Esses empregados manejam ação trabalhista, com pedido de antecipação de pagamento de quantia, salários retidos, vencidos e com montante facilmente liquidável, além de pedido voltado à obrigação (de fazer) de pagar salários vincendos ao longo do transcurso temporal da demanda. Plenamente possível deferir-se pagamento desses salários vencidos (obrigação de pagar) e vincendos (obrigação de fazer futura), cuja satisfação poderá ser deflagrada por intermédio de bloqueio *on line* em conta-bancária dessa empresa.

Nesse caso, considerando o disposto no citado § 3º do art. 273, mostra-se possível realizar a satisfação da pretensão desses exequentes ainda que com dispensa da caução, caso o montante individualizado devido a esses demandantes não ultrapasse sessenta salários mínimos (art. 475-O,§ 2º, I). Os demais requisitos previstos neste dispositivo, "natureza alimentar" e "situação de necessidade", estão plenamente configurados, pois obviamente os demandantes necessitam desses valores para sobreviver.

4.9.2. *Execução provisória de decisão interlocutória de obrigação específica*

A efetivação de obrigações de fazer, não fazer e entregar coisa reconhecida em decisão interlocutória, que dão vazão à chamada execução por transformação

---

(79) Sobre tal modalidade de efetivação diz José Henrique Mouta Araújo: "Contudo, deve-se evitar que a tutela antecipada seja concedida com conteúdo condenatório, a ensejar a execução provisória. De fato, há maior efetividade à tutela do direito nos casos em que a medida emergencial satisfativa é concedida mediante técnicas mandamental e executiva *(lato sensu)*, cumprida internamente e funcionando as normas da execução provisória apenas como paradigma operacional". *Op. cit.*, p. 106.

ou desapossamento, consoante mencionado anteriormente, possui sistemática completamente distinta da execução de sentenças de quantia. Tal efetivação dá-se por intermédio do regramento disposto nos arts. 461 e 461-A do CPC, conforme mencionado em momento anterior.

Em suma, aplica-se, por subsidiariedade no processo do trabalho, sem indagações maiores, a sistemática do processo civil (arts. 461 e 461-A) quanto às obrigações de fazer, não fazer e entregar coisa, para efetivação do comando exarado em decisão interlocutória com suficiente carga de efetividade.

Exemplificando. Imagine-se uma dada decisão interlocutória, exarada em sede de ação civil pública aviada pelo Ministério Público do Trabalho, que impõe a realização de diversas obrigações de fazer voltadas à regularização do meio ambiente de trabalho de fazenda canavieira[80], tais como a regularização das condições sanitárias do local, bem como construção de abrigos adequados aos trabalhadores do campo. A efetivação desse direito dar-se-á obedecendo à sistemática da efetivação (sem intervalo) de tutelas específicas do processo civil, inclusive com a possibilidade de "imposição de multa diária ao réu" (§ 4º do art. 461), astreintes, com aptidão a constrangê-lo para o cumprimento dessa decisão, além da imposição das chamadas medidas de apoio à efetivação desta (§ 4º do art. 461).

Vale lembrar, novamente, que os efeitos dessa decisão interlocutória somente poderão ser atacados por intermédio de mandado de segurança (Súmula n. 414, II). Essa via heróica manejada para objurgar tal decisão interlocutória perde objeto em razão da superveniência de sentença, consoante caudalosa jurisprudência do TST (Súmula n. 414, III).

Outro exemplo bastante conhecido na seara processual laboral é a possibilidade de efetivação de reintegração, constante em decisão interlocutória concessiva de medida de cunho satisfativo, de dirigente sindical "afastado, suspenso ou dispensado pelo empregador" (art. 659, X, da CLT). Além desta, há aquela disposta no art. 39 da CLT referente às anotações em carteira de trabalho, caso o empregador recuse observar tal obrigação. Essas são hipóteses específicas de efetivação de obrigação de fazer na seara trabalhista. Nestas situações, também se mostra possível a utilização das medidas de apoio previstas na sistemática do CPC, tais como a imposição de multa diária até o cumprimento da decisão.

Vale salientar que a jurisprudência do TST vinha se posicionando erroneamente pela ausência de admissão de efetivação provisória de comando aparelhado de obrigações específicas, sob o principal argumento da irreversibilidade dos efeitos satisfativos dessa decisão[81].

---

(80) Em tempos de biocombustível, tal exemplo não poderia ser mais adequado.

(81) Dentre tantos, *vide* Proc. TST. ROMS-522/2004-000-08-00.0, Min. Rel. Emmanuel Pereira, DJ de 10.11.2006.

Ao longo dos anos, porém, o TST vem modificando tal entendimento[82], culminando com a solidificação deste posicionamento por intermédio das OJs. ns. 64 e 142, advindas da SBDI-2. O teor delas é o seguinte:

> "OJ n. 64. MANDADO DE SEGURANÇA. REINTEGRAÇÃO LIMINARMENTE CONCEDIDA. Não fere direito líquido e certo a concessão de tutela antecipada para reintegração de empregado protegido por estabilidade provisória recorrente de lei ou norma coletiva."

> "OJ n. 142. MANDADO DE SEGURANÇA. REINTEGRAÇÃO LIMINARMENTE CONCEDIDA. Inexiste direito líquido e certo a ser oposto contra ato de Juiz que, antecipando a tutela jurisdicional, determina a reintegração do empregado até a decisão final do processo, quando demonstrada a razoabilidade do direito subjetivo material, como nos casos de anistiado pela Lei n. 8.878/94, aposentado, integrante de comissão de fábrica, dirigente sindical, portador de doença profissional, portador de vírus HIV ou detentor de estabilidade provisória prevista em norma coletiva."

Inquestionável a acertada evolução jurisprudencial do TST nesse aspecto, em plena consonância com construção teórica firmada ao longo do presente.

4.10. Requerimento da execução. Autenticidade de peças

Diz o parágrafo terceiro do art. 475-O do CPC o seguinte:

> "§ 3º Ao requerer a execução provisória, o exequente instruirá a petição com cópias autenticadas das seguintes peças do processo, podendo o advogado valer-se do disposto na parte final do art. 544, § 1º:
>
> I – sentença ou acórdão exequendo;
>
> II – certidão de interposição do recurso não dotado de efeito suspensivo;
>
> III – procurações outorgadas pelas partes;
>
> IV – decisão de habilitação, se for o caso;
>
> V – facultativamente, outras peças processuais que o exequente considere necessárias".

---

(82) Como exemplo temos a seguinte decisão: "MANDADO DE SEGURANÇA. CONCESSÃO DE TUTELA ANTECIPADA ANTES DA SENTENÇA. REINTEGRAÇÃO. ESTABILIDADE PROVISÓRIA. DOENÇA PROFISSIONAL. INEXISTÊNCIA DE DIREITO LÍQUIDO E CERTO DO BANCO IMPETRANTE. Conquanto seja cabível o mandado de segurança para impugnar a tutela antecipada deferida nos autos de reclamação trabalhista, antes da prolação da sentença definitiva, diante da ausência de recurso próprio para impugnação imediata e da urgência da medida (Súmula n. 414, item I, do TST e art. 893, § 1º, da CLT), o certo é que, na hipótese, não se configura o imaginado direito líquido e certo do impetrante ao não-cumprimento de obrigação de fazer, tendo em vista que a autoridade coatora concedeu a antecipação dos efeitos de tutela de mérito pretendida na petição inicial da reclamatória trabalhista originária, por considerar que o empregado seria portador de enfermidade ocupacional no momento da dispensa, determinando, ainda na fase de conhecimento e antes da instrução processual, a imediata reintegração do reclamante, medida que encontra amparo nas Orientações Jurisprudenciais ns. 64 e 142 desta c. SBDI-2. Recurso ordinário desprovido". Tribunal Superior do Trabalho. SBDI.2. PROC. ROMS-747/2005-000-05-00.3, DJ de 1.11.2006.

Essa novel sistemática revogou o anterior regramento dos arts. 589 e 590 que dispunham acerca da execução provisória ser realizada por carta de sentença (onde não existissem autos suplementares), extraída pelo escrivão e assinada pelo juízo. A composição da carta de sentença vinha prevista no art. 590.

Esse novo regramento do processo civil prognostica apenas que o exequente, ao requerer a execução provisória, deverá "instruir a petição com cópias autenticadas" das peças obrigatórias elencadas nos incisos do referido dispositivo. Não é mais utilizada a alcunha carta de sentença.

Além do mais, outra alteração digna de aplausos é a possibilidade de o advogado declarar a autenticidade das cópias que darão suporte ao pleito executivo, ampliando-se a previsão antes restrita à hipótese do parágrafo primeiro do art. 544 (agravo de instrumento para destrancar recurso especial e/ou extraordinário).

Aliás, essa alteração mostra-se em consonância com a nova redação atribuída ao art. 365 do CPC pela Lei n. 11.382/2006, permitindo, na generalidade dos casos, a possibilidade de o advogado declarar a autenticidade das cópias reprográficas "de peças do próprio processo judicial", sob sua responsabilidade pessoal, "se não for impugnada a autenticidade" delas.

Inobstante o processo do trabalho ainda manter a nomenclatura "carta de sentença" (§§ 1º e 3º do art. 897 da CLT), vislumbrar-se a incidência dessa novel sistemática no processo laboral.

Aliás, o próprio TST, por conta da edição da Lei n. 11.232/2005, alterou dois dispositivos do regimento interno (art. 36, XXX, e 286), para retirar a expressão carta de sentença[83], mantendo-se apenas "cartas previstas em lei".

Voltando à questão da declaração de autenticidade de peças pelo advogado, o TST vem construindo errônea jurisprudência acerca da limitação da declaração de autenticidade apenas por advogado, não se admitindo a declaração feita pela parte[84].

---

(83) A íntegra da notícia é a seguinte: O Pleno do Tribunal Superior do Trabalho aprovou a alteração em dois artigos e a supressão de outros dois do Regimento Interno do TST. As mudanças se deram em função da reformulação no Código de Processo Civil, pela Lei n. 11.232/2005, em vigor desde 23 de junho deste ano. A mudança afetará a execução provisória de decisão judicial, que não mais requer a extração de carta de sentença, ocorrendo agora por simples petição apresentada ao Juízo da execução. Assim, ficam alterados os arts. 36, inciso XXX, e 286 do Regimento Interno. Foram suprimidos, em consequência, os arts. 288 e 289 do Regimento Interno. Os arts. 36 e 286 passam a vigorar com a seguinte redação: "Art.36, XXX. decidir os efeitos suspensivos, os pedidos de suspensão de segurança e de suspensão de decisão proferida em ação cautelar inominada, assim como os documentos e os expedientes que lhe sejam submetidos, inclusive as cartas previstas em lei". Notícias do TST <www.tst.gov.br> Acesso em. 16 maio 2008. "Art. 286. Os atos de execução serão requisitados, determinados, notificados ou delegados a quem os deva praticar". Notícias do TST <www.tst.gov.br> Acesso em: 16 maio 2008.

(84) TST, AIRR-394/2003-064-03-40.4, Rel. Juiz Convocado Luiz Ronan Neves Koury, DJU de 28.10.2005.

Considerando que o processo do trabalho ainda consagra o vetusto e ultrapassado[85] princípio do *jus postulandi*, capacidade das partes pelejarem no Juízo trabalhista desacompanhadas de advogados (art.791), não se mostra razoável tratar de forma não isonômica quem utilizou dessa prerrogativa legal.

---

(85) Cf. PAIVA, Mario Antônio Lobato (coordenador). *A importância do advogado para o direito, a justiça e a sociedade*. Rio de Janeiro: Forense, 2000.

REFERÊNCIAS BIBLIOGRÁFICAS

ABELHA, Marcelo. *Manual de execução civil*. 2. ed. São Paulo: Forense Universitária, 2007.

ALEXY, Robert. *Teoria de los derechos fundamentales*. Madri: Centro de Estúdios Constitucionales, 1997.

ALVIM, J. E. Carreira. A nova liquidação de sentença por cálculo do credor. In: *Revista Dialética de Direito Processual*. São Paulo: Dialética, n. 39, jun. 2006.

ARAÚJO, José Henrique Mouta. Anotações envolvendo a 'nova' disciplina da execução provisória e seus aspectos controvertidos. In: *Revista Dialética de Direito Processual*. São Paulo: Dialética, n. 14, maio 2004.

_____. *Reflexões sobre as reformas do CPC*. Salvador: Jus Podivm, 2007.

ASSIS, Araken de. *Cumprimento da sentença*. Rio de Janeiro: Forense, 2006.

BARROS, Alice Monteiro de. Execução de títulos extrajudiciais. In: NETO, José Affonso Dallegrave; FREITAS, Ney José (coords.). *Execução trabalhista*. Estudos em homenagem ao Ministro João Oreste Dalazen. São Paulo: LTr, 2002.

BARROSO, Luís Roberto. *Interpretação e aplicação da Constituição: fundamentos de uma dogmática constitucional transformadora*. São Paulo: Saraiva, 1996.

BAUMOHL, Debora Ines Kram. *A nova execução civil*. A desestruturação do processo de execução. São Paulo: Atlas, 2006.

BEBBER, Júlio César. *Cumprimento da sentença no processo do trabalho*. São Paulo: LTr, 2006.

BEDAQUE, José Roberto dos Santos. *Tutela cautelar e tutela antecipada: tutelas sumárias e de urgência (tentativa de sistematização)*. 3. ed. São Paulo: Malheiros, 2003.

BEGEL, Jean-Louis. *Teoria geral do direito*. São Paulo: Martins Fontes, 2001.

BEZERRA LEITE, Carlos Henrique. Cumprimento espontâneo da sentença (Lei n. 11.232/2005) e suas repercussões no processo do trabalho. In: *Revista LTr*, ano 70, n. 09, set. 2006.

BONAVIDES, Paulo. *Curso de direito constitucional*. 5. ed. São Paulo: Malheiros, 2000.

BRITO FILHO, José Cláudio Monteiro de. *Discriminação no trabalho*. São Paulo: LTr. 2002.

BUENO, Cássio Scarpinella. *A nova etapa da reforma do Código de Processo Civil*. v. 1. São Paulo: Saraiva, 2006.

_____. *A nova etapa da reforma do Código de Processo Civil*. v. 3. São Paulo: Saraiva, 2007.

_____. *Execução provisória e antecipação da tutela: dinâmica do efeito suspensivo da apelação e da execução provisória: conserto para a efetividade do processo*. São Paulo: Saraiva, 1999.

_____. *Tutela antecipada*. 2. ed. São Paulo: Saraiva, 2007.

_____. Variações sobre a multa do *caput* do art. 475-J do CPC na redação da Lei n. 11.232/2005. In: WAMBIER. Teresa Arruda Alvim (coord.). *Aspectos polêmicos da nova execução de títulos judiciais*. v. 3. São Paulo: RT, 2006.

CÂMARA, Alexandre Freitas. *A nova execução de sentença*. Rio de Janeiro: Lúmen Júris, 2006.

CANARIS, Claus Wilhelm. *Pensamento sistemático e conceito de sistema na ciência jurídica*. 3. ed. Lisboa: Fundação Calouste Gulbenkian, 2002.

CANOTILHO, J. J. Gomes. *Direito constitucional*. 5. ed. Coimbra: Almedina, 1992.

CARPI, Federico. *La provvisoria esecutorietá della sentenza*. Milano: Giuffrè, 1979.

CARRION, Valentin. *Comentários à Consolidação das Leis do Trabalho*. 24. ed. São Paulo: Saraiva, 1999.

CHAVES, Luciano Athayde. *A recente reforma no processo comum. Reflexos no direito judiciário do trabalho*. São Paulo: LTr, 2006.

_____. O processo de execução trabalhista e o desafio da efetividade processual. In: *Revista LTr*, São Paulo, v. 65, n. 12, dez. 2002.

CHIOVENDA, Guiseppe. *Instituições de direito processual civil*. v. I. São Paulo: Saraiva, 1965.

COMPARATO, Fábio Konder. *A afirmação histórica dos direitos humanos*. São Paulo: Saraiva, 1999.

CORDEIRO, Wolney de Macedo. A execução provisória trabalhista e as novas perspectivas diante da Lei n. 11.232, de dezembro de 2005. In: *Revista LTr*, ano 71, n. 04, abr. 2007.

COSTA, Marcelo Freire Sampaio. Atentado e a proibição de o réu falar nos autos — leitura constitucional necessária. In: *Revista Dialética de Direito Processual*, n. 22, jan. 2005.

_____. *Reflexos da reforma do CPC no processo do trabalho: leitura constitucional do princípio da subsidiariedade*. São Paulo: Método, 2007.

DIAS, Jean Carlos. A crise do papel do juiz na tutela jurisdicional executiva. In: *Revista Dialética de Direito Processual*, n. 33, dez. 2005.

_____. *O controle judicial de políticas públicas*. São Paulo: Método, 2007.

DIAS, José de Aguiar. *Da responsabilidade civil*. 6. ed. Rio de Janeiro: Forense, 1995.

DIDIER JR., Fredie; BRAGA, Paula Sarno; OLIVEIRA, Rafael. *Curso de direito processual civil*. v. 2. Salvador: Jus Podivm, 2007.

DIMOULIS, Dimitri. *Positivismo jurídico*. São Paulo: Método, 2006.

DINAMARCO, Cândido Rangel. *A instrumentalidade do processo*. 5. ed. São Paulo: Malheiros, 1996.

_____. *A reforma da reforma*. 3. ed. São Paulo: Malheiros, 2002.

_____. *Execução civil*. 6. ed. São Paulo: Malheiros, 1998.

_____. *Instituições de direito processual civil*. T. I. São Paulo: Malheiros, 2001.

_____. *Nova era do processo civil*. São Paulo: Malheiros, 2003.

DWORKIN, Ronald. *Levando os direitos a sério* (tradução e notas de Nelson Boeira). São Paulo: Martins Fontes, 2002.

FERNANDES JÚNIOR, Raimundo Itamar Lemos. *Direito processual do trabalho à luz do princípio constitucional da duração razoável.* São Paulo: LTr, 2008.

FERREIRA, Aurélio Buarque de Holanda. *Miniaurélio.* 6. ed. Curitiba: Posigraf, 2004.

FREITAS, Juarez. *A interpretação sistemática do direito.* 4. ed. São Paulo: Malheiros, 2004.

GARCIA, Gustavo Filipe Barbosa. Lei n. 11232/2005: Reforma da execução civil e direito processual do trabalho. In: *Revista IOB (Trabalhista e Previdenciária)*, ano XVII, n. 203, maio 2006.

_____. *Terceira fase da reforma do Código de Processo Civil.* São Paulo: Método, 2006.

_____. Tutela jurisdicional específica e sua execução no direito processo do trabalho. In: *Revista LTr*, ano 72, n. 05, maio 2008.

GASPARINI, Maurício. As tropas de elite e a febre de efetividade na execução trabalhista. In: *Revista LTr*, ano 72, n. 03, mar. 2008.

GENEHR, Fabiana Pacheco. A aplicação da multa do art. 475-J do CPC e seus reflexos no processo do trabalho — uma análise principiológica. In: *Revista LTr*, ano 72, n. 04, abr. 2008.

GIGLIO, Wagner. *Direito processual do trabalho.* 11. ed. São Paulo: Saraiva, 2000.

GUERRA, Marcelo Lima. *Direitos fundamentais e a proteção do credor na execução civil.* São Paulo: RT, 2003.

_____. Reflexões em torno da distinção entre execução provisória e medidas cautelares antecipatórias. In: *Revista de Processo – REPRO*, n. 57, São Paulo, 1990.

GÓES, Gisele Santos Fernandes. *Princípio da proporcionalidade no processo civil.* São Paulo: Saraiva, 2004.

GOMES, Orlando. *Obrigações.* 8. ed. Rio de Janeiro: Forense, 1992.

GUSMÃO, Bráulio Gabriel. Reforma da execução civil. — Lei n. 11.232/2005 e sua repercussão no direito processual do trabalho — efeitos práticos. In: *Revista LTr*, ano 72, n. 01, jan. 2008.

GRAU, Eros Roberto. *Ensaio e discurso sobre a INTERPRETAÇÃO/APLICAÇÃO DO DIREITO.* 2. ed. São Paulo: Malheiros, 2003

HERKENHOFF FILHO, Hélio Estellita. *Reformas no Código de Processo Civil e implicações no processo trabalhista.* Rio de Janeiro: Lumen Juris, 2007.

HOFFMANN, Ricardo. *Execução provisória.* São Paulo: Saraiva, 2004.

JACINTHO, Jussara Maria Moreno. *Dignidade humana. Princípio constitucional.* Curitiba: Juruá, 2006.

JORGE, Flávio Cheim; DIDIER JR., Fredie; RODRIGUES, Marcelo Abelha. *A terceira etapa da reforma processual civil.* São Paulo: Saraiva, 2006.

KELSEN, Hans. *Teoria pura do direito (tradução de João Batista Machado).* 7. ed., São Paulo: Martins Fontes, 2006.

LEITE, Carlos Henrique Bezerra. *Ação Civil Pública: nova jurisdição trabalhista metaindividual e legitimação do Ministério Público do Trabalho.* São Paulo: LTr, 2001.

_____. *Curso de direito processual do trabalho*. 5. ed. São Paulo: LTr, 2007.

LIEBMAN, Enrico Túlio. *Processo de execução*. 3. ed. São Paulo: Saraiva, 1968.

LOPES, João Batista. *Tutela antecipada no processo civil brasileiro*. São Paulo: Saraiva, 2001.

LUCON, Paulo Henrique dos Santos. *Eficácia das decisões e execução provisória*. São Paulo: RT, 2000.

MAIOR, Jorge Luiz Souto. Reflexos das alterações do Código de Processo Civil no processo do trabalho. In: *Revista LTr*, ano 70, n. 08, ago. 2006.

_____. *Teoria geral da execução*. In *Execução trabalhista: visão atual (coord. Roberto Norris)*. Rio de Janeiro: Forense, 2001

MALLET, Estêvão. Novas modificações no Código de Processo Civil e o processo do trabalho — Lei n. 11.382/2008. In: *Revista LTr*, ano 71, n. 05, maio 2007.

_____. O processo do trabalho e as recentes modificações do Código do Processo Civil. In: *Revista LTr*, ano 70, n. 06, jun. 2006.

MALTA, Christovão Piragibe Tostes. *A execução no processo trabalhista*. São Paulo: LTr, 1996.

MARANHÃO, Ney Stany Morais. In: *Revista LTr*, ano 71, n. 10, p. 1187-1189, out. 2007.

MARINONI, Luiz Guilherme. *Antecipação de tutela*. 9. ed. São Paulo: RT, 2006.

_____. *Técnica processual e tutela dos direitos*. São Paulo: RT, 2004.

_____. *Teoria geral do processo*. v. 1. São Paulo: RT, 2006.

_____. *Tutela antecipatória, julgamento antecipado e execução imediata da sentença*. São Paulo: RT, 1997.

MARINONI, Luiz Guilherme; ARENHART, Sérgio Cruz. *Execução*. v. 3. São Paulo: RT, 2007.

MARTINS, Sérgio Pinto. *Direito processual do trabalho*. 23. ed. São Paulo: Atlas, 2005.

MEDINA, José Miguel Garcia. *Execução civil. Princípios fundamentais*. São Paulo: RT, 2002.

MEIRELES, Edilton. *Temas da execução trabalhista*. São Paulo: LTr, 1998.

MEIRELES, Edilton; BORGES, Leonardo Dias. *A nova reforma processual e seu impacto no processo do trabalho*. São Paulo: LTr, 2006.

_____. A nova execução cível e seus impactos no processo do trabalho. In: *Revista IOB (Trabalhista e Previdenciária)*, ano XVII, n. 203, maio 2006.

MOREIRA, José Carlos Barbosa. A Emenda Constitucional n. 45 e o processo. In: *Revista Dialética de Direito Processual*, n. 33, dez. 2005.

_____. Cumprimento e execução de sentença: necessidade de esclarecimentos conceituais. In: *Revista Dialética de Direito Processual*, n. 42, set. 2006

MORI, Amaury Haruo. Execução trabalhista. In: SANTOS, José Aparecido dos (coord.). *Execução trabalhista: homenagem aos 30 anos da AMATRA IX*. São Paulo: LTr, 2008.

NASCIMENTO, Amauri Mascaro. *Curso de direito processual do trabalho*. 16. ed. São Paulo: Saraiva, 1996.

NOGUEIRA, Antônio de Pádua Soubhie. *Execução provisória da sentença. Caracterização, princípios e procedimento*. São Paulo: RT, 2005.

OLIVEIRA, Francisco Antônio de. *A execução na Justiça do Trabalho*. São Paulo: RT, 1988.

_____. A nova reforma processual – reflexos sobre o processo do trabalho — Leis ns. 11.232/2005 e 11.382/2006. In: *Revista LTr*, ano 70, n. 12, dez. 2006.

PAIVA, Mario Antônio Lobato (coord.). *A importância do advogado para o direito, a justiça e a sociedade*. Rio de Janeiro: Forense, 2000.

PINTO, José Augusto Rodrigues. A polêmica trabalhista em torno da Lei n. 11.232/2005 — fase de cumprimento das sentenças no processo de conhecimento. In: *Revista LTr*, ano 71, n. 11, nov. 2007.

_____. *Execução trabalhista*. 11. ed. São Paulo: LTr, 2006.

PORTO, Sérgio Gilberto. *Doutrina e prática dos alimentos*. 3. ed. São Paulo: RT, 2000.

RIBEIRO, Leonardo Ferres da Silva. *Execução provisória no processo civil*. São Paulo: Método, 2006.

_____. Primeiras considerações a respeito da atual feição da execução provisória com o advento da Lei n. 11.232/2005. São Paulo: RT. 2006. In: WAMBIER, Teresa Arruda Alvim (coord.). *Aspectos polêmicos da nova execução de títulos judiciais*. v. 3.

RIBEIRO, Rosires Rodrigues de Almeida Amado. A (ina)plicablidade da multa do art. 475-J do CPC na execução trabalhista. In: SANTOS, José Aparecido dos (coord.). *Execução trabalhista: homenagem aos 30 anos da AMATRA IX*. São Paulo: LTr, 2008.

SANCHIS, L. Pietro. *Sobre princípios e normas. Problemas del razonamiento jurídico*. Madrid: Centro de Estúdios Constitucionales, 1992.

SANTOS, Ernane Fidélis dos. *As reformas de 2005 e 2006 do Código de Processo Civil*. 2. ed. São Paulo: Saraiva, 2006.

SARAIVA, Renato. *Curso de direito processual do trabalho*. 4. ed. São Paulo: Método, 2007.

SARLET, Ingo Wolfgang. *A eficácia dos direitos fundamentais*. 5. ed. Porto Alegre: Livraria do Advogado, 2005.

SARMENTO, Daniel. *A ponderação de interesses na Constituição Federal*. Rio de Janeiro: Lumen Juris, 2000.

SHIMURA, Sérgio. *Título executivo*. São Paulo: Saraiva, 1997.

SILVA, Antônio Álvares da. *Execução provisória trabalhista depois da reforma do CPC*. São Paulo: LTr, 2007.

SCHIAVI, Mauro. *Manual de direito processual do trabalho*. São Paulo: LTr, 2008.

_____. Novas reflexões sobre a aplicação do art. 475-J do CPC ao processo do trabalho à luz da recente jurisprudência do TST. *Revista LTr*, ano 72, n. 03, mar. 2008.

SILVA, Ovídio A. Batista da. Ação para cumprimento das obrigações de fazer e não fazer. In: José Carlos Teixeira Giorgis (coord.). *Inovações do Código de Processo Civil*. Porto Alegre: Livraria do Advogado, 1997.

_____. *Curso de processo civil: execução obrigacional, execução real, ações mandamentais*. v. 2, 3. ed. São Paulo: RT, 1998.

STRECK, Lenio Luiz. *Hermenêutica jurídica e(m) crise. Uma exploração hermenêutica da construção do direito*. 7. ed. Porto Alegre: Livraria do Advogado, 2007.

_____. *Verdade e consenso: Constituição, hermenêutica e teorias discursivas.* Rio de Janeiro: Lumen Juris, 2006.

TEIXEIRA FILHO, Manoel Antonio. As novas leis alterantes do processo civil e sua repercussão no processo do trabalho. In: *Revista LTr*, ano 70, n. 03, mar. 2006

_____. *Breves apontamentos à Lei n. 11.382/2006, sob a perspectiva do processo do trabalho.* São Paulo: LTr, 2007.

_____. *Execução no processo do trabalho.* 5. ed. São Paulo: LTr, 1995.

_____. Processo do trabalho — embargos à execução ou impugnação à sentença? (a propósito do art. 475-J do CPC). In: *Revista LTr*, ano 70, n. 10, out. 2006.

THEODORO JR., Humberto. *Curso de direito processual civil.* v. II, 4. ed. Rio de Janeiro: Forense, 1988.

TURA, Marco Antônio Ribeiro. O lugar dos princípios em uma concepção do direito como sistema. In: *Revista de Informação Legislativa.* Brasília: Senado Federal, v. 41, n. 163, jul./set. 2004.

VIEIRA, Patrícia Ribeiro Serra. *A responsabilidade civil objetiva no direito de danos.* Rio de Janeiro: Forense, 2005.

ZANGRANDO, Carlos Henrique da Silva. As inovações do processo civil e suas repercussões no processo do trabalho. In: *Revista LTr*, v. 70, n. 11, nov. 2006.

_____. *Processo do trabalho. Moderna teoria geral do direito processual.* Rio de Janeiro: Forense Universitária, 2007.

ZAVASCKI, Teori Albino. *Antecipação da tutela.* 5. ed. São Paulo: Saraiva, 2007.

_____. *Processo de execução. Parte Geral.* 3. ed. São Paulo: RT, 2004.

WAMBIER, Luiz Rodrigues. *Sentença civil: liquidação e cumprimento.* 3. ed. São Paulo: RT, 2006.

WAMBIER, Teresa Arruda Alvim. Nulidades do processo e da sentença. 6. ed. In: *Coleção Enrico Tullio Liebman*, v. 16, São Paulo: RT, 2007.

WAMBIER, Luiz Rodrigues; WAMBIER, Teresa Arruda Alvim; MEDINA, José Miguel Garcia. *Breves comentários à nova sistemática processual civil.* v. 1. São Paulo: RT, 2006.